REFLEXÕES ÚTEIS AOS BISPOS

SANTO AFONSO MARIA DE LIGÓRIO

REFLEXÕES ÚTEIS AOS BISPOS

*Para a prática de bem governar suas Igrejas
Extraídas dos exemplos de bispos
zelosos aprovados pela experiência*

*Comentário histórico-teológico
de Mons. CIRIACO SCANZILLO*

*Aos cuidados de A. Amarante
Tradução de Dom Fernando Guimarães, C.Ss.R.*

DIRETOR EDITORIAL:
Marcelo C. Araújo

COPIDESQUE:
Ana Lúcia de C. Leite

COORDENAÇÃO EDITORIAL:
Ana Lúcia de Castro Leite

REVISÃO:
Lessandra Muniz de Carvalho

TRADUÇÃO:
Dom Fernando Guimarães, C.Ss.R.

DIAGRAMAÇÃO E CAPA:
Simone Godoy

Título original: Riflessioni utili ai vescovi – Per la pratica di ben governare le loro chiese tratte dagli esempi de' vescovi zelanti ed approvate coll'esperienza
© Editrice San Gerardo

Dados Internacionais de Catalogação na Publicação (CIP)
(Câmara Brasileira do Livro, SP, Brasil)

Afonso Maria de Ligório, Santo, 1696-1787.

Reflexões úteis aos Bispos: para a prática de bem governar suas Igrejas – extraídas dos exemplos de bispos zelosos aprovados pela experiência / Santo Afonso Maria de Ligório; comentário histórico-teológico de Mons. Ciriaco Scanzillo; aos cuidados de A. Amarante; tradução de Dom Fernando Guimarães. - Aparecida, SP: Editora Santuário, 2012.

Título original: Riflessioni utili ai vescovi: per la pratica di ben governare le loro chiese tratte dagli esempi de' vescovi zelanti ed approvate coll'esperienza.

ISBN 978-85-369-0264-7

1. Episcopado 2. Igreja Católica – Bispos 3. Ministério – Igreja Católica I. Scanzillo, Ciriaco. II. Amarante, A. III. Guimarães, Fernando. IV. Título.

12-04183   CDD-262.122

Índices para catálogo sistemático:

1. Bispos: Igreja Católica: Eclesiologia: Cristianismo 262.122

Todos os direitos em língua portuguesa reservados à **EDITORA SANTUÁRIO** — 2012

Composição, CTcP, impressão e acabamento:
EDITORA SANTUÁRIO - Rua Padre Claro Monteiro, 342
12570-000 — Aparecida-SP — Fone: (12) 3104-2000

Apresentação

O Episcopado da região da Campanha, na mensagem de julho de 1987 para as celebrações do bicentenário da morte de Santo Afonso, escreve: "Nós, bispos da região da Campanha, que tivemos Afonso como predecessor e modelo nesta nobilíssima região, ao recordá-lo, dirigimo-vos a sua e nossa mensagem de que estimulem as nossas igrejas".

Entre essas *memórias de coisas nobres* insere-se a atenta análise e o comentário de Mons. Ciriaco Scanzillo às *Reflexões úteis aos bispos*. Como profundo conhecedor do Santo, com paixão e competência ele estudou o texto e, consequentemente, traçou um difuso e substancial perfil histórico-teológico-pastoral do bispo na Igreja, percorrendo o itinerário do pensamento e da praxe de dois mil anos de sua história.

Com as mãos de uma *Verônica* – para usar a sugestiva imagem da mensagem – envolvida em compaixão e amor, soube limpar aquele véu de acúmulos, depositados pelo tempo entre as linhas e que podiam gerar discussões, para fazer resplandecer e admirar mais do que nunca o real rosto do Santo e sua mensagem perene.

"Os bispos, constituídos pelo Espírito Santo, sucedem aos Apóstolos como pastores das almas e, juntamente com o Sumo Pontífice e sob sua autoridade, foram enviados a perpetuar a obra de Cristo, pastor eterno. Na verdade, Cristo deu aos Apóstolos e aos sucessores deles o mandato e o poder de ensinar todas as nações, de santificar os homens na verdade, e de os apascentar" (CD 2). "Devem, finalmente, com o exemplo de sua vida, ajudar aqueles de quem são chefes" (LG 26).

A instituição, a missão e o testemunho dos bispos, que encontramos analisados nos documentos do Concílio Vaticano II, formam a síntese do precioso *livreto* de Afonso de Ligório, editado pela primeira vez em Nápoles por

Riccio, em 1745. Trata-se de poucas páginas, essenciais e simples, mas decididamente inspiradas, mesmo se, com o tempo, caíram um pouco no esquecimento.

Afonso elaborou-as depois das primeiras experiências pastorais e quando, já treze anos depois, encontrava-se completamente empenhado com sua Congregação do Santíssimo Redentor nas missões populares itinerantes entre os mais abandonados e necessitados dos auxílios espirituais. Evangelizou paróquias e dioceses e em algumas havia constatado o extremo abandono em que se encontravam. Embora se declare *autor de pouca importância*, sente-se no dever de sugerir algumas reflexões úteis aos bispos sobre sua delicada missão.

Mais tarde confirmará essas *Reflexões* com um límpido testemunho de vida, como pastor da diocese de Santa Águeda dos Godos (1762-1775). A esse propósito, seu biógrafo mais célebre, A. M. Tannoia, que das 1.048 páginas de sua obra monumental dedica 418 ao período do episcopado, lembra-nos que o Papa Clemente XIII respondeu com firmeza à súplica de Afonso para ser exonerado do serviço episcopal pelas enfermidades que nele se acumulavam: "Permaneça em seu lugar... Basta-me sua sombra para fazer o bem a toda a diocese. Que governe de sua cama".

O mesmo Tannoia define o opúsculo do Santo, "embora pequeno de porte, imensamente pleno de sentido, já que deplora a indolência de tantos bispos que, usufruindo dos bens das Igrejas, não assumiam os próprios deveres". Isso talvez explique o interessante desenho preparado pelo próprio Santo para o frontispício: dois pastores guiam seu rebanho, um rumo ao cume de uma luminosa montanha, o outro em direção ao abismo.

"Tendo-o enviado a todos os bispos italianos – continua Tannoia –, Afonso recebeu, por parte de todos, os mais vivos agradecimentos, e, com estes, vieram também as próprias justificações."

Das poucas notícias que chegaram até nós, sabemos que, após a primeira edição, o opúsculo foi inserido e impresso na *Selva de matérias predicáveis e instrutivas*, tanto na edição de Turim (1827), como nas edições de Monza (1832) e Nápoles (1871). Em 1835 aparece uma tradução em alemão e outra em francês e, em 1890, uma também em língua inglesa.

Uma das últimas edições, como texto independente, é a que foi diligentemente preparada por Dom Cosmo Francesco Ruppi (Edições Vivere in, Roma-Trani, 1988).

Por que agora uma nova edição? Com o Concílio Vaticano II, não ficou porventura bem definido o papel do bispo na Igreja? É necessário ainda referir-se a escritos anteriores, ainda que o texto seja do doutor Santo Afonso? A pergunta faz-se ainda mais persistente quando nos deparamos com alguns trechos *pedagógicos* das *Reflexões*, que realmente consideramos superados, datados e que nos deixam pelo menos perplexos. Pense-se, por exemplo, a propósito do seminário, que Afonso considerava *a* "pupila de seus olhos", em certas formas de suspeita, de inspecção ou de ambíguas socializações entre os seminaristas etc.

Uma vez que o opúsculo, conservando todo o sabor da cultura do século XVIII, faz do Santo um filho de seu tempo, que pode ser aperfeiçoado e louvado, por isso mesmo faz com que ele se torne mais humano e mais perto de nós. Por outro lado, suas linhas fundamentais e os princípios básicos (o cuidado do bispo pelas ordenações, pelos sacerdotes, pelos párocos; e a atualização e os meios sugeridos, como a oração, o bom exemplo, a visita, a pregação, o sínodo, a acolhida, a admoestação) são de uma surpreendente atualidade.

Atualidade magistralmente evidenciada pelo comentário de Mons. Scanzillo. Nós, Missionários Redentoristas, repropomos a obra do doutor da Igreja na segura esperança de que, lida, possa ainda fazer muito bem, confortados pelas proféticas palavras do Beato João Paulo II na Carta Apostólica *Spiritus Domini* (1/8/1987): "A mensagem afonsiana, mesmo quando ele inova, e sobretudo então, emerge da consciência plurissecular da Igreja. O Santo teve como poucos o *sensus Ecclesiae*: um critério que o acompanhou na pesquisa teológica e na praxe pastoral, até tornar-se ele mesmo, de algum modo, a voz da Igreja".

Pe. Antônio de Luca
Superior Provincial
dos Missionários Redentoristas
da Itália meridional

SANTO AFONSO MARIA DE LIGÓRIO

REFLEXÕES
ÚTEIS AOS BISPOS

Para a prática de bem governar suas Igrejas
Extraídas dos exemplos de bispos
zelosos aprovados pela experiência

(*Opere Ascetiche*, vol. III, ed. G. Marietti,
Torino, 1847, p. 865-877)

Seja Sempre Louvado
Jesus no Santíssimo Sacramento
e Maria Imaculada Sempre Virgem

"Cuidai de vós mesmos e de todo o rebanho, do qual o Espírito Santo vos estabeleceu como bispos para apascentar a Igreja de Deus" (At 20,28).[1] É certo que aos bispos Deus confiou a direção de sua Igreja e deles depende a santificação dos povos. Com razão dizia, pois, São Carlos Borromeu que da má vida das ovelhas os pastores têm a culpa; e efetivamente vê-se com a experiência que os bispos santificam suas dioceses. São Carlos, que, na verdade, foi o exemplo dos bons bispos e por isso será com frequência citado neste opúsculo, reformou de tal forma seus súditos que a bondade deles difundiu-se, tornando bons também os povos vizinhos.

---

[1] *Attendite vobis et universo gregi, in quo vos Spiritus sanctus posuit episcopos regere ecclesiam Dei.* (Nota do tradutor: o original afonsiano traz as citações diretamente da *Vulgata*, em latim. Optamos por indicar, primeiro, os trechos em português, extraídos da Bíblia Sagrada de Aparecida, Editora Santuário, 2006).

São muitos os livros que tratam abundantemente das obrigações dos prelados no que diz respeito ao governo de suas igrejas. Com o costume de vinte anos de missões, tendo percebido que muitas notícias não chegam aos ouvidos dos bispos e movido unicamente pelo desejo da glória de Jesus Cristo, quis anotar aqui, nestas poucas folhas, de maneira resumida, algumas reflexões de maior peso, que podem ajudar muito os bispos a se regular melhor na prática, tanto dos cuidados principais de seu encargo, como acerca dos meios mais eficazes que devem usar para o cultivo de seu rebanho. Essa é minha única intenção. Esses cuidados e meios serão apresentados em dois breves capítulos, esperando eu na divina bondade que estas pobres folhas, as quais pela pouca conta que merece o autor nem deveriam ser consideradas, sejam lidas com algum proveito, pelo menos por causa de sua brevidade.

Capítulo I

Os cuidados mais importantes do bispo

É preciso persuadir-se daquilo que diz Santo Atanásio, que o bispo, antes de ser ordenado, pode viver para si mesmo, mas após a ordenação é obrigado a viver para suas ovelhas, de cuja salvação ele deverá certamente prestar contas, como deixa entender o Senhor por meio do profeta Ezequiel: "Ai dos pastores de Israel que apascentam a si mesmos! ... Estou contra esses pastores; pedirei a eles conta de meu rebanho" (34,2.10).[1] Por isso dizia São Gregório que, quando cada um no tribunal de Jesus Cristo deverá prestar contas de sua alma, o bispo será obrigado a dar contas de tantas almas quantos são os seus súditos. Ao bispo de Sardes, embora

---

[1] *Vae pastoribus Israel qui pascebant semetipsos... Ecce ego requiram gregem meum de manu eorum.*

conduzisse uma vida inocente, mas porque não atendia como devia ao proveito de seu rebanho, foi-lhe dita por Deus por intermédio de São João aquela enorme reprovação: "Tu passas por vivo, mas estás morto" (Ap 3,1).[2] Portanto o bispo, ainda que fosse santo pelas obras de sua vida, se ao invés é negligente quanto à salvação de suas ovelhas, será réprobo no tribunal de Jesus Cristo, a quem deverá prestar contas rigorosas, não somente de suas omissões, mas de todos os danos que delas terão decorridos.

Para chegar então à prática, são seis os cuidados principais que deve ter diante dos olhos o bom prelado para o governo de sua Igreja, e são eles: 1. o seminário; 2. os ordenandos; 3. os sacerdotes; 4. os párocos; 5. o vigário-geral e os ministros; 6. os mosteiros de monjas.

§ I. O seminário

1. Ninguém duvida de que os seminários são utilíssimos para o bem das dioceses: basta saber o quanto os recomenda e sugere aos

---

[2] *Nomen habes quod vivas, et mortuus es.*

bispos o sagrado Concílio de Trento; enquanto nos seminários forma-se o bom clero, e do clero depende, depois, o proveito comum do povo. Mas se deve advertir também que, se o seminário for bem administrado, será a santificação da diocese; caso contrário será sua ruina. Pois os jovens não chegam a eles levando o bom espírito, mas neles deverão adquiri-lo. A eles chegam, de suas casas, carregados de vícios, ou, naquela idade, são facilmente presas de todos eles. Quantos entram no seminário como anjos e, em breve, tornam-se demônios! Por essa razão, se para os seminários não existirem rendas suficientes, seja para o alimento dos jovens (porque, de outra maneira, não poderão manter uma vida regular), seja para manter bons ministros e mestres, é melhor que os seminários não existam. E é necessário estar convencido de que, ordinariamente falando, existem nos seminários males e escândalos maiores do que aqueles que os bispos conhecem e que, talvez, em geral, são os menos conhecidos.

Por isso, é necessário um bom reitor, que tenha verdadeiro zelo de Deus e experiência e seja sagaz para poder perceber todas as malícias, devendo suspeitar de cada um e de todas as ações. Caso contrário, ele agirá com ingenuidade e será facilmente enganado. É por isso que se torna muito difícil encontrar um reitor que seja realmente capaz de governar seminários.

2. Que existam prefeitos suficientes, que sejam sacerdotes amadurecidos, espirituais e firmes no corrigir e em não tolerar defeitos. Devem velar especialmente para que os jovens não se toquem entre eles, nem mesmo por brincadeira, que não tenham confidências e não permaneçam sozinhos nem mesmo para conversas e que não falem com outras turmas. Esses prefeitos, onde não conseguirem remediar sozinhos, devem advertir o reitor pelo menos das faltas mais notáveis e, quando necessário, também o bispo, para que sejam corrigidas.

Além de prefeitos, porém, é bom que para cada turma (e isso é uma coisa utilíssima) existam dois ou três exploradores, ou seja, dois jovens da própria turma, os mais espirituais e de confiança, mas que os companheiros não saibam quem são; deles o reitor ou o bispo exigirá, semanalmente e sempre que for necessário, informações sobre os defeitos dos outros.

3. É necessário também que o bispo, pelo menos duas ou três vezes por ano, faça o escrutínio particular com cada um dos seminaristas, procurando descobrir a verdade daqueles de que terá recebido a informação serem mais espirituais. E depois, com fortaleza, deve despedir os incorrigíveis e os escandalosos; caso contrário, um desses estragará todos os demais, e por isso é utilíssimo que o bispo faça-se ver com frequência no seminário, afervorando os jovens nas coisas do espírito e do estudo, assistindo também com frequência a seus debates e academias. Isso ajuda admiravelmente a mantê-los aplicados e em emulação.

Antes do mais, o bispo deve velar no seminário pelas coisas espirituais, ordenar que haja meia hora de meditação em comum pela manhã e, pelo menos, um outro quarto de hora pela tarde. A meditação, normalmente, faça-se sobre as máximas eternas, que são as mais úteis a serem consideradas pelos jovens para viverem longe dos vícios. Além disso, procure que façam os exercícios espirituais anualmente, por oito dias, em solidão, sem falar uns com os outros e sem aplicação alguma ao estudo durante aquele tempo. Providencie ainda um sermão familiar a cada quinze dias ou, pelo menos, uma vez por mês, feito por um sacerdote de bom espírito que não resida no seminário, também sobre as máximas eternas e que aborde quase sempre a enormidade dos sacrilégios, aos quais são facilmente sujeitos os rapazes, por causa do respeito humano. Faça-os confessar-se a cada oito ou quinze dias, indicando-lhes os melhores confessores do lugar onde se encontra o seminário, e ao menos dois de cada vez, para que tenham mais liberdade de se confessar. Quatro vezes ao ano mande-lhes outros confessores extraordinários, por causa do grande perigo que existe, para esses jovens, de cometer sacrilégio, confessando-se sempre com confessores que os conhecem. É bom proibir que se deem a disciplina em comum no escuro, o que facilmente pode ocasionar algum escândalo. Proiba terminantemente que tenham livros profanos, que, para os jovens, costumam ser muito prejudiciais. Imponha a leitura silenciosa à mesa sobre a vida dos santos ou de livros que tratem de exemplos terríveis. À mesa, presida sempre o reitor.

Quanto ao estudo, é bom, antes de tudo, fortalecer os jovens no latim, tão necessário para todas as outras ciências. É preciso, a seguir, providenciar estudos bem organizados e completos da filosofia e da teologia. E é ótimo mandar estudar no seminário também a moral, para que todos se tornem aptos a confessar, e o bispo, a seguir, possa utilizá-los nesse ministério.

§ II. Os ordenandos

Ó quão rigorosa será a conta que deverá prestar a Deus o bispo do grave dever que tem de excluir do altar os indignos e de admitir os dignos! São Francisco de Sales tremia ao pensar nisso e, por essa razão, só admitia aqueles dos quais esperava, com fundamento, um bom êxito, não levando em consideração nem recomendações, nem nobreza e nem mesmo os talentos da pessoa se não fossem acompanhados por uma vida reta. Porque a doutrina unida a uma vida má pode causar mais dano, já que parece dar mais crédito ao vício. Por tal razão, eram poucos os que ele ordenava, como costumam fazer todos os bons bispos, porque, em verdade, são poucos os que se tornam sacerdotes por vocação autêntica e a fim de se tornarem santos. Por isso acontece também que poucos são os sacerdotes que se tornam bons e de proveito para as almas. Dizia São Francisco de Sales que não são necessários à Igreja muitos, mas bons sacerdotes.

Acerca dos ordenandos, se o bispo já tiver formado um seminário perfeito, segundo a forma descrita, deverá estabelecer e fazer saber a todos que não será admitido às ordens aquele que não tiver permanecido no seminário ao menos por três anos e não tenha a intenção de permanecer nele até o sacerdócio.

Depois, para admitir cada um às ordens, deve o bispo examinar o espírito e a doutrina. Sobre os costumes, esteja certo de que não basta contentar-se somente com os testemunhos escritos dos párocos, que às vezes se deixam levar facilmente pelo respeito humano. Não se deve contentar somente com a bondade negativa do candidato, mas precisa ter sobre ele notícias que deem suficientes indícios de um verdadeiro espírito eclesiástico. É um ótimo conselho, como é a prática dos bispos zelosos, de não assinar a carta demissória de qualquer ordenando sem ter recebido antes as informações mais secretas sobre ele de pessoas fiéis do mesmo lugar e que conheçam bem o candidato. Note-se que esse é um meio importante e muito necessário para garantir a consciência nas ordenações. De tais informações deve procurar saber não somente se o clérigo dá escândalo com jogos, com insolências, conversas más; deve, sobretudo, indagar se ele vive positivamente a vida espiritual, frequentando as igrejas, a oração, os sacramentos, se vive retirado ou em boa companhia, se é aplicado ao estudo, se costuma vestir-se com modéstia, e coisas semelhantes. E se houver informação de qualquer escândalo positivo de algum ordenando, então não é suficiente exigir uma prova ordinária, mas será necessário pô-lo à prova por alguns anos, existindo então uma suspeita razoável de que tudo seja fingimento para poder chegar às ordens.

A esse fim seria bom que o prelado instituísse mais reuniões para diversos lugares da diocese, próprias e exclusivas para os clérigos, onde eles pudessem se encontrar, por um dia a cada semana, e serem instruídos por um bom padre espiritual na prática das virtudes, praticar a oração mental, frequentar com fruto os sacramentos, fazer a visita ao Santíssimo Sacramento e a Maria Santíssima e tudo o mais que diz respeito à vida espiritual. E aquele padre, além disso, teria a incumbência de exigir a prestação de contas da vida de cada um de seus clérigos e de se informar também por outrem, para, em seguida, algumas vezes ao ano ir conferir com o bispo, especialmente antes das ordenações. Isso servirá ao prelado também para poder repreender de tempos em tempos os negligentes e animar os bons à santa perseverança.

Acerca da doutrina, então, é certo que a ignorância nos eclesiásticos causa um grande dano a eles mesmos e aos outros. E pior ainda é que a ignorância nos eclesiásticos é um mal sem remédio, como dizia São Francisco de Sales. Daí o bispo deve cuidar com suma diligência que seus clérigos estejam sempre aplicados ao estudo, sem o qual não somente nunca serão bons para a Igreja, como também serão necessariamente maus, já que o ócio é o pai de todos os vícios. Por isso é necessário que o prelado não se contente somente com o exame que comumente se costuma fazer nas ordenações acerca dos requisitos das ordens e de outras coisas triviais que facilmente podem ser aprendidas de um livreto qualquer, depois os ordenados permanecendo ignorantes como antes. Nem se deve esperar que estudarão depois, porque é mais do que comprovado, que muitos sacerdotes diocesanos, para não dizer quase todos, uma vez ordenados padres, nunca mais abrem um livro e se esquecem até daquele pouco que sabiam. Se não são obrigados a terminar os estudos antes do sacerdócio, dificilmente se deverá esperar que o façam depois, no futuro.

Por isso o eminentíssimo senhor Cardeal Spinelli, arcebispo de Nápoles, que com tanto louvor universal administra sua Igreja, nas ordenações faz examinar amplamente todos os seus clérigos acerca dos tratados da teologia dogmática, e cada um segundo sua capacidade sobre os outros tratados de moral, de direito civil, de filosofia, de direito canônico, obrigando-os a frequentar professores que ele lhes destina em seu palácio arquiepiscopal, pagos de seu próprio bolso. Para as dioceses menores, considero muito útil praticar aquilo que costumava fazer o zelosíssimo Dom Fabrizio di Capua, de feliz memória, arcebispo de Salerno, em sua diocese, que nas ordenações, especialmente para o sacerdócio, fazia examinar seus ordenandos sobre toda a moral, que, de fato, é a ciência mais necessária para ajudar as almas a se salvarem. E creio mais útil ainda o que costumava fazer um outro excelente prelado, que mandava examinar seus clérigos também sobre a moral, mas, além disso, a cada ordem que se assume, estabeleceu o exame de tal ou tal tratado determinado da Suma de Busembaum (poder-se-ia usar um outro autor, se esse não fosse de seu agrado), devendo os examinadores preparar as perguntas conforme a matéria e a ordem do mesmo livro. De tal maneira, ao atingir o sacerdócio, cada qual estará suficientemente instruído sobre toda a moral e poderá servir a diocese, sempre que o bispo o chamar. Se, além da moral, se quisesse exigir o exame acerca do primeiro tomo de Abelly, que apresenta de maneira excelente os rudimentos da escolástica, seria ainda melhor, falando para as dioceses pequenas.

§ III. Os sacerdotes

Os bons sacerdotes são os braços do bispo, sem os quais nunca poderá manter bem atendida sua Igreja. É muito importante que ele procure demonstrar toda a benevolência pelos sacerdotes bons, especialmente os dedicados (que sejam verdadeiramente tais), beneficiando-os segundo seus méritos com cargos e benefícios. À desordem de distribuir as paróquias e os demais benefícios por critérios ou fins humanos, e não conforme o mérito, São Francisco de Sales chamava a abominação da desolação do lugar santo e a origem universal de todos os desconsertos na Igreja de Deus. Sobre esse assunto note-se a máxima do mesmo santo, segundo a qual, para a cura pastoral das almas, os suficientemente doutos deveriam ser preferidos a outros de maior doutrina, mas de menos espírito. Se o bispo deve animar os bons, deve também, da mesma forma, demonstrar aos sacerdotes negligentes sua pouca satisfação, a fim de emendá-los.

Para que os sacerdotes mantenham-se dedicados e sejam capazes de cultivar as almas, além das reuniões que costumam acontecer semanalmente em muitas dioceses no estilo daquela do padre Pavone de Nápoles, seria bom que o prelado estabelecesse também as academias de moral em cada lugar com capacidade para tal, prescrevendo aos sacerdotes, especialmente aos jovens, que as assistam duas ou três vezes por semana. A experiência demonstra o quanto ajudam essas conferências de moral para se ter um conhecimento dessa ciência tão vasta e tão necessária, já que, com as conferências, os casos são analisados melhor e se firmam as doutrinas. É preciso porém que o bispo as recomende muito aos vigários forâneos e escolha como coordenador um dos sacerdotes mais doutos e considerados da região para as assistir e, em seguida, transmitir-lhe as resoluções dos casos resolvidos na reunião. Não seja admitido ao exame para as confissões sacerdote algum que não apresente o certificado de ter frequentado pelo menos por dois anos as mencionadas conferências. Seria muito conveniente que o próprio bispo, na medida em que puder, fizesse-se ver nessas conferências, para examinar como elas são realizadas e para animar a que prossigam.

Certamente, deve ser sumo o cuidado do bispo em admitir os confessores, dos quais depende a orientação de todas as consciências do povo. Confessores ignorantes ou de maus costumes podem arruinar os outros e, por isso, é melhor ter poucos e bons.

Antes de cada sacerdote iniciar a atender confissões, é bom fazê-lo participar de um retiro espiritual fechado, em algum lugar religioso, afim de que com maior inspiração e zelo dedique-se a esse cargo tão difícil e de tantas consequências.

É preciso ainda ordenar a todos os eclesiásticos que, pelo menos na parte da manhã, vistam a batina, que não se dediquem a jogos proibidos, que não tenham cabelos cumpridos. Que horrível visão dão certos sacerdotes ao altar com sua veste civil[3] a aparecer por debaixo da alva e com a cabeleira longa e até cacheada, para o que, em lugar de se preparar para a missa, ficaram a manhã toda diante do espelho preparando suas madeixas com o ferro quente, pior do que as mulheres mais vaidosas do mundo, e às vezes até com pó de arroz sobre a cabeça, o qual, depois, ficará caindo sobre o corporal a se misturar com fragmentos das hóstias sagradas! Ó vitupério de nossos dias! Aos bispos cabe remediar esses escândalos que

---

[3] N.T.: No original "ciamberga", que era um tipo de casaca militar, muito usada em Nápoles naquele tempo.

fazem os pobres cristãos leigos perder a devoção, o bom conceito dos sacerdotes e quase até mesmo a fé.

§ IV. Os párocos

A fim de que os párocos e confessores já aprovados conservem-se naquele espírito e zelo que lhes é necessário para santificar as almas, cada bispo deveria velar para que façam anualmente os exercícios espirituais, isolados em alguma casa religiosa (conforme também uma determinação da santa memória do Papa Bento XIV), no estilo dos retiros que costumam dar os Reverendos Padres da Missão.

Mas falando individualmente sobre os párocos, é preciso compreender que são poucos aqueles sacerdotes aptos a exercer esse ofício tão difícil e importante, porque, em última análise, de seu cuidado depende o proveito ou a ruina da população. Por essa razão, o bispo, primeiramente, deve usar todo o cuidado ao escolhê-los, utilizando mais informações sobre seu comportamento e sobre seu espírito, que para eles é mais importante do que a doutrina.

Em seguida, é preciso inculcar nos párocos já escolhidos o cumprimento de seus deveres e das ordens prescritas, que eles tenham o cuidado principalmente de instruir as crianças segundo o catecismo do Cardeal Belarmino, aprovado universalmente, servindo-se do auxílio de clérigos. Além disso, que façam o sermão para o povo nos dias de festa e mesmo todos os domingos, que as pregações sejam familiares e instrutivas, bem preparadas e não deixadas ao improviso, abordando sempre as máximas eternas. Inculque neles, especialmente, a assistência aos moribundos e nisso não confiem os bispos em todos os sacerdotes indiferentemente, porque por tal confiança tem acontecido às vezes escândalos horríveis, que em tais circunstâncias são fáceis de se dar: na maioria das vezes, a assistência ao confessionário com superficialidade ou demonstrando má vontade àqueles que procuram a confissão ou a comunhão.

Recorde, além disso, o dever dos párocos de corrigir os malviventes e de por remédio às práticas más e aos escândalos, impondo-lhes que, onde eles não puderem remediar, venham referir ao bispo o que está acontecendo. E por isso é necessário que o bispo mantenha sempre sua porta aberta para os párocos, sempre demonstrando satisfação com sua vinda e sua vigilância, ouvindo-os com paciência e cortesia e ordenando a seus funcionários que, chegando um pároco a qualquer hora, acolham-no, de maneira que os párocos, obtendo sempre e logo a audiência, procurem mais facilmente seu bispo em suas necessidades e não tenham desculpas para não fazê-lo.

Quanto ao preceito pascal, ordene o prelado com rigor aos párocos que exijam os atestados de comunhão a todos, sem exceção e sem respeitos humanos; que enviem ao bispo, um mês ou dois após terminar o período do preceito, a declaração juramentada, denunciando os transgressores. Assim o bispo poderá depois aplicar os devidos remédios, chegando mesmo a afixar o proclama de excomunhão, em caso de pertinácia etc. Ó! quantos dignos de lástima não cumprem o preceito pascal, e o bispo não toma conhecimento, porque os párocos são negligentes em pedir os atestados ou por respeito humano não advertem o bispo. Por isso é necessário impor-lhes a obrigação de enviar ao bispo ou levar-lhe pessoalmente a lista dos paroquianos capazes de comungar, com a declaração juramentada de que tenham satisfeito o preceito pascal e de fazer comungar também as crianças que, pela idade, já são capazes. Falando em geral, a idade de dez anos já é suficiente em muitos, quando, porém, o pároco tem o cuidado de instrui-los, conforme dizem os doutores. Ó Deus! quantas vezes, nas missões, temos tido dó ao encontrar pessoas, às vezes até de quinze e dezesseis anos, que nunca comungaram por causa do desleixo dos párocos!

Para todas as necessidades das almas e para todas as coisas que pertencem ao governo de sua Igreja, é conveniente que cada bispo, como fez São Carlos Borromeu, convoque uma reunião pelo menos uma vez por mês, da qual participem, junto com o prelado, todos os párocos da diocese e outros sacerdotes experientes. Cada um exponha as necessidades e desordens que existem, para remediá-las. Nesses congressos, é preciso tratar da disciplina do clero; das obrigações dos párocos aqui já indicadas; do comportamento das monjas; do governo do seminário e de outros lugares pios; do decoro e reverência das igrejas; dos abusos, escândalos, doutrinas relaxadas; do conforto espiritual e temporal dos pobres, especialmente dos hospitalizados e dos estrangeiros; do cultivo da população com os sermões, instruções, novenas de Maria santíssima – sendo uma coisa sumamente útil promover uma novena a Maria, pelo menos uma vez por ano, em cada lugar, com pregações e exposição do Santíssimo Sacramento; da promoção da frequência aos sacramentos e das visitas ao Santíssimo ou a alguma imagem de Maria, objeto de especial devoção do lugar; das reuniões de leigos e das secretas – caso fosse possível introduzi-las, que são de grande proveito –; etc. Mas nessas reuniões é preciso que o prelado dê-se plena liberdade de advertir e dizer a cada um dos congregados aquilo que ocorre para a glória de Deus e o que se diz para o povo acerca do seu tribunal, acerca de seus ministros, servidores e até mesmo acerca de sua casa, de sua pessoa. E nas urgências especiais promovam-se reuniões extraordinárias. Se cada bispo agisse dessa maneira, ó quantas coisas eles perceberiam melhor e a quantos males poderiam dar solução, os quais de outra maneira não seriam percebidos nem corrigidos!

§ V. O vigário-geral e os ministros

Na escolha de ministros a primeira resolução do bispo, para acertar o bom governo, tem de ser de nunca escolher alguém, por qualquer razão que seja, por respeito do parentesco, da amizade ou por qualquer outro motivo humano.

Do vigário-geral dependem, em maior parte, a tranquilidade e a boa ordem da diocese. Por isso o bispo deve usar de toda diligência para conseguir um vigário-geral que seja, ao mesmo tempo, douto e de bom espírito, afável, que trate com doçura e esteja sempre disponível a receber a todos, que dê andamento aos negócios e, sobretudo, não seja apegado ao próprio interesse. São Carlos proibiu a seus vigários-gerais e a todos os seus ministros receber doações de qualquer espécie. A um deles, uma vez, por ter recebido certo presente, ele o dispensou imediatamente da cúria. É bom que o bispo, diariamente ou em alguns dias fixos da semana, receba de seu vigário-geral a prestação de contas das causas e assuntos mais importantes, os quais o bispo deve indicar. Caso contrário, encontrar-se-á muitas vezes, sem querer, envolvido em desordens que talvez não possam mais ser remediadas.

O ambiente da vida episcopal, cúria e residência seja devoto, despedindo aqueles que não levam uma vida devota, e mais ainda se estão afastados de Deus. O bispo deve velar continuamente sobre isso, caso contrário tornar-se-á objeto murmuração por parte do povo. É necessário igualmente proibir com rigor, ameaçando despedir qualquer de seus servidores e ministros que procurasse ou aceitasse presentes de qualquer pessoa ou comunidade e, especialmente, daqueles que estão para ser ordenados, dos párocos e dos confessores recentemente nomeados ou beneficiados. Ordene igualmente que não se intrometam em matéria de justiça recomendando alguém. Tudo isso foi ordenado por São Carlos. Dessas coisas nascem muitas desordens e, às vezes, é desacreditado o bom nome do bispo, que deve ser o primeiro a dar o bom exemplo de não receber presentes de nenhum de seus súditos, especialmente dos ordenandos, beneficiados e de monjas em particular, com exceção daqueles presentes que fazem parte de seu ofício ou que são costumeiros. Os donativos fazem perder o bom nome e a liberdade para corrigir ou negar aquilo que não é justo.

§ VI. Os mosteiros de monjas

As virgens consagradas a Deus já são a mais ilustre porção do rebanho de Jesus Cristo, mas somente se viverem como religiosas autênticas. Por isso o bispo deve velar, antes de tudo, para que as jovens não vistam o hábito religioso se ele perceber não terem elas verdadeiro espírito e vocação. Porque, para a infelicidade de nossos dias, a maior parte se torna monja mais pela vontade dos parentes ou por outros fins do que para dar glória a Deus. Por isso em tantos mosteiros não se vê um espírito verdadeiro e parece avançar sempre mais o relaxamento. É preciso remediar desde o início: o prelado, antes de dar-lhes o hábito, examine com diligência a vontade das virgens, interrogando-as isoladamente, não por simples formalidade, como muitas vezes se faz, mas buscando identificar a verdade, por quais razões fundamentais querem ser religiosas, se por pressão dos parentes ou das monjas etc. E percebendo não haver verdadeira vocação é necessário usar de firmeza e não conceder a licença, dizendo à postulante que pense melhor. Ó! se os bispos aplicassem essa diligência e essa força, que espírito diverso e perfeição veríamos nos mosteiros.

Em que serve à Igreja de Deus admitir nos mosteiros tantas jovens sem vocação? Serve somente para erigir serralhos de mulheres encerradas, que depois vivem, como vemos, pouco exemplares, inquietas e por toda a sua vida inquietam os bispos e os mosteiros. Seria bom também estabelecer um número fixo de monjas para cada mosteiro, certos de que, onde há multidão, dificilmente poderá haver boa observância.

Em seguida, o bispo deve, nos mosteiros, levar à observância a vida comum, ou introduzi-la onde não houver, sem a qual é impossível não haver nos mosteiros desordens contínuas.

Quanto às licenças de falar com as monjas, é bom que o bispo reserve a concessão somente a si mesmo e seja difícil em concedê-la, por causa do abuso que daí pode derivar. Pois, se concede mais facilmente a alguns, não poderá depois negá-la a outros, que talvez apresentem legítimos pretextos, mas não têm finalidade reta. Porque os apegos não surgem de vez no princípio, mas com o tempo e as conversas, e um só apego desses será o suficiente para arruinar todo um mosteiro.

É preciso também proibir rigorosamente as monjas, segundo as normas da santa memória de Bento XIV, de empregar suas rendas pessoais, particularmente em ofícios, em promover festas nas igrejas ou dar presentes aos confessores ou outros, além daquilo que lhes dá a própria comunidade. Ó Deus! quantas desordens acontecem naqueles mosteiros onde há esse abuso maldito! Pela emulação de aparecer, as monjas quase só pensam durante a sua vida em ter dinheiro, inquietando para isso suas famílias, criando laços de amizade. E, por isso, abandonam a oração, o recolhimento, o desapego, e levam uma vida distraída, inquieta e sem observância, coisas que necessariamente acabam por aparecer. Disso provêm males ainda maiores. Quem tem a experiência de tratar com mosteiros de monjas bem o sabe.

O prelado deve ainda velar com suma atenção para que sejam nomeadas superioras aquelas religiosas que possuam maior espírito e prudência, porque delas e dos confessores depende a observância ou o relaxamento. Saiba-se que, uma vez introduzido um abuso em um mosteiro, é quase impossível acabar com ele depois. E de todos os abusos são culpados as superiores e os confessores. Por isso é preciso escolher confessores de muito espírito, fortes e desinteressados, recomendando-lhes sempre, isto é, aos confessores e às abadessas, que nunca permitam que, durante seu governo, se introduzam abusos.

É necessário ainda enviar às monjas mais vezes ao ano confessores extraordinários, pelo menos para remediar as confissões malfeitas que algumas praticam com o confessor ordinário. É necessário persuadir-se de que esses casos não são raros: quisesse Deus que não fossem frequentes! O bispo, sem evidente necessidade, não confirme facilmente os confessores ao final do triênio nem os mande como extraordinários aos mesmos mosteiros, ou a confessar alguma monja em particular, sem que já se tenham passado ao menos três anos após o término do triênio. Caso contrário, alguns apegos podem ser mantidos com esse pretexto, ou pelo menos haverá o perigo de manter toda a comunidade desavorada.

Finalmente, é bom providenciar para as monjas os exercícios espirituais anuais, dados por um sacerdote que seja de reconhecida vida exemplar, prudente e experiente em tratar com comunidades. Caso contrário, seria melhor deixá-las fazer o retiro sozinhas, sem pregação. Ó quantos mosteiros caíram no relaxamento ou talvez se arruinaram porque receberam sacerdotes de pouco espírito, incultos ou imprudentes!

Capítulo II

Os meios mais eficazes que o bispo deve usar no tratamento de seus súditos

"É preciso, pois, que o bispo seja irrepreensível" (São Paulo, 1Tm 3,2).[1] Sobre essas palavras afirma São Gregório: "O apóstolo reúne todas as virtudes em uma única palavra".[2] As escolas ensinam, para falar nos termos delas, que o bispo encontra-se no estado de perfeição a ser exercida e comunicada.[3] Ou seja, como explica o Pe. Suarez, convém que o bispo possua aquela perfeição à qual tendem os religiosos com seus votos e regras. É verdade que

---

[1] *Oportet episcopum irreprehensibile esse.*
[2] *Omnes virtutes uno sermone comprehendit apostolus.*
[3] *... est in statu perfectionis exercendae et communicandae.*

o bispo não é obrigado a tanto, como ensina Santo Tomás, estando a obrigação sob pecado grave; no entanto, diz ele, se o bispo não é santo, nunca poderá santificar suas ovelhas, como é sua obrigação. Um pedaço de madeira que não arde não pode acender outros lenhos. Ninguém pode ser canal, se não for antes concha: "Mostra-te como uma concha, antes de ser um canal", diz São Bernardo: Enche a primeira antes e, dessa forma, poderás derramar para os demais.[4] Antes dele, também escrevia São Paulo a Timóteo (1Tm 4,16): "Vigia sobre tua pessoa e sobre teu ensinamento; persevera nessas disposições. Agindo assim, tu te salvarás a ti mesmo e aos que te ouvem".[5] Para atingir essa perfeição, o bispo deve valer-se de nove meios muito importantes, ou seja: 1. da oração, 2. do bom exemplo, 3. da residência, 4. da visita, 5. das missões, 6. do sínodo, 7. do conselho, 8. da audiência, 9. da correção. E, antes de tudo, é necessário que seja amantíssimo da oração.

---

[4] *Concham te exhibebis, et non canalem. Implere prius, et sic curato effundere.*
[5] *Attende tibi et doctrinae: insta in illis. Hoc enim, faciens, et teipsum salvum facies et eos qui te audiunt.*

§ I. A oração

É verdade que um dos maiores meios para se tornar santo é a oração mental, como afirmam todos os mestres espirituais. São Luis Gonzaga dizia que ninguém poderá chegar a qualquer grau notável de santidade se não reza muito. A luz, a força e o fervor que são necessários para encaminhar-se à perfeição adquirem-se na oração. São Carlos, como afirma sua vida, dava ao estudo e à oração todo o tempo que lhe sobrava dos negócios e das poucas horas de repouso que assumia. Assim, diariamente, costumava fazer muitas horas de oração mental; e, quando acontecia algo mais grave para o bem público, passava toda a noite em oração.

Por qualquer razão que seja, portanto, nunca deve o prelado descuidar da oração. E, para bom exemplo também dos outros, seria bom que cada bispo fizesse a oração, uma vez por dia, também em público, como praticava o mesmo São Carlos, juntamente com a família em sua capela. E o Cardeal de Arezzo descia também diariamente para isso na igreja, para rezar diante do Santíssimo Sacramento.

§ II. O bom exemplo

Não basta que o bispo seja lanterna ardente (*lucerna ardens*) em seu interior, deve ser também luminoso (*lucens*) no exterior, com o bom exemplo, se quiser ver as ovelhas marcharem pela via das virtudes. Para que elas subam ao monte, é preciso que o pastor caminhe à frente delas. O bispo é aquela luz posta pelo próprio Deus sobre o candeeiro: "De modo que brilhe para todos os que estão na casa" (Mt 5,15).[6] Pregue ele e exorte as máximas do Evangelho o quanto quiser, mas se não der antes o exemplo acontecerá aquilo que diz o concílio urcelense (Tr. 3, de offic. cler.), que os súditos pouco crerão nele, porque os homens acreditam mais com os olhos do que com os ouvidos.[7]

É preciso pois que o bispo em todas as coisas dê bom exemplo, como escreveu São Paulo a Tito: "Oferecendo-te a ti mesmo em tudo como exemplo de boa conduta" (2,7).[8]

---

[6] *Ut omnibus luceat, qui in domo sunt.*
[7] *Magis oculis quam auribus credunt homines.*
[8] *In omnibus te ipsum praebe exemplum.*

Exemplo de mansidão, suportanto a rudeza dos súditos e tratando com todo o amor possível os insolentes, seus detratores, os ingratos. Cada bispo deve entrar em sua igreja com esse ânimo preparado para ser retribuído com ingratidões e para fazer o bem a quem lhe faz o mal. Esse é o espírito de Jesus Cristo e dos verdadeiros servos seus. Quão belos exemplos disso deram São Carlos e São Francisco de Sales! Suas vidas estão plenas deles.

Exemplo de pobreza. Deve considerar o bispo que a igreja não o provê de rendas para gastá-las naquilo que lhe agrada, mas para socorrer os pobres. O patrimônio deles é a bolsa do bispo.[9] Dizia São Carlos que é uma vergonha para um prelado manter dinheiro acumulado; é sua honra estar sempre com dívidas por causa das esmolas, que, como diz São Gregório, são a primeira obra de misericórdia que o pastor deve usar com suas ovelhas. Oh, a quantos males remediam os bons bispos com suas es-

---

[9] N.T.: "Bolsa", tradução muito livre da imagem elaborada por Santo Afonso, que usou a antiga espressão italiana "zienna", referindo-se a formas de obrigações feudais que ligavam ao senhor feudal (os pobres) os que trabalhavam a seu serviço (o bispo).

molas! Especialmente onde se trata de impedir os pecados dos esposos, dos filhos que dormem no mesmo leito dos pais, das mulheres pobres que, pela necessidade, vendem a honra e coisas semelhantes.

É verdade que, das rendas, pode justamente o bispo gastar tudo o que for necessário para sua decente manutenção. Mas em tudo ele deveria também fazer resplandescer a santa pobreza. A família seja moderada e apenas o que for suficiente para a necessidade, não para o maior decoro. O Pe. Hipólito Durazzo, quando era prelado antes de passar para a Companhia de Jesus, fazendo-se ver com poucos servos, dizia: "Vejo que no Evangelho Jesus Cristo ordena a humildade, não o decoro. Sejam moderadas também as vestes e os móveis de casa". Que grande edificação dá a todos ver a casa do bispo pobre e desguarnecida daqueles móveis de que fazem pompa os seculares! São Carlos baniu de sua casa tapetes, aparatos e quadros. Também a alimentação seja moderada. Estejam certos de que, junto ao povo, não há algo que lhe dê um conceito melhor ou pior de qualquer eclesiástico do que ouvir falar da frugalidade ou da abundância que ele usa na comida. E, a propósito da mesa, é bom que o bispo faça sempre temperá-la com a leitura espiritual, como também fazia São Carlos.

Igualmente deve dar bom exemplo de todas as outras virtudes cristãs: de mortificação, privando-se de algumas diversões que chamam a atenção; de recolhimento, não sendo falador; de modéstia, usando toda a cautela em não lançar olhares sobre mulheres; de zelo, inserindo sempre, em qualquer conversa privada, algum sentimento espiritual, como praticava São Carlos com todas as pessoas com quem tratava; etc.

§ III. A residência

Nas ordenações dos bispos, é-lhes entregue o anel, para que, usando-o, recordem sempre que não mais se pertencem, mas são das igrejas suas esposas, para ser-lhes fiéis e assisti-las até à morte. Não pretendo discutir aqui, pois não é meu propósito, quanto e como o bispo seja obrigado a residir em sua igreja, mas reafirmo somente aquilo que diz o sagrado Concílio de Trento, que a assistência do pastor é necessária para bem governar as ovelhas e que tal assistência certamente é imposta aos bispos por preceito divino. Narra-se na vida de São Carlos que, quando estava ausente de sua diocese, parecia-lhe estar preso a correntes, tanto era o desejo de retornar o mais rápido possível! E o Cardeal Belarmino, embora obrigado por preceito do Papa, pelo bem da Igreja universal, a permanecer em Roma e fora de sua igreja de Cápua, não se sentia com a consciência tranquila e, de fato, acabou renunciando.

§ IV. A visita

Entre outras coisas pelas quais é necessária a residência do bispo em sua igreja, estar percorrendo os lugares de sua diocese pessoalmente, com as visitas pastorais, é uma delas. Ó, quantas desordens o prelado pode remediar, percorrendo e vendo as coisas com seus próprios olhos! É impossível governar bem por meio dos relatórios de outros, os quais ou enganam por seus fins particulares, ou são mais facilmente enganados, ou, pelo menos, não sabem perceber os abusos que existem. Essa verdade eu a conheci muito bem, e a lamentei, ao pregar as santas missões. São Carlos, embora fosse servido por tantos ministros bons, muito fez e remediou com as visitas pastorais, como lemos em sua vida.

Conforme o Concílio de Trento, deve o bispo pelo menos a cada dois anos visitar pessoalmente os lugares de sua diocese. Não bastam para desculpá-lo desse dever os incômodos da viagem, sendo encargo indispensável do pastor, com qualquer incômodo e cansaço, ir reconhecer o estado de suas ovelhas, para prover às suas necessidades. Quantas vezes São Carlos prosseguiu suas visitas, mesmo cheio de febre! Sendo sua máxima, como ele dizia, que um prelado só deve cair de cama após três acessos de febre. Para chegar a alguns lugarejos, às vezes caminhava com corpo inteiro na lama ou na neve. E de São Francisco de Sales se narra, ainda em sua vida, que para visitar alguns lugares era preciso que se arrastasse, como ele fazia, por caminhos tão destruídos que depois trazia os pés feridos a ponto de não conseguir permanecer em pé. Outras vezes, dormia o santo sobre folhas, e a quem lhe pedia para não arriscar assim sua vida respondia: "Que eu viva não é necessário, mas é necessário que eu cumpra meu dever". Quanto aos compromissos que deve realizar o bispo nas visitas, por primeiro ele deve, nos lugares que visita, alimentar as ovelhas com a palavra divina e com a própria voz, advertindo o Concílio de Trento: Os bispos têm o dever de pregar por si mesmos, se não estiverem legitimamente impedidos.[10] E diz que entre as outras incumbências do bispo essa de pregar é função precípua dos bispos. [11] Que dizer? Será somente por cerimônia que a Santa Igreja, na ordenação do bispo, lhe faz impor sobre a cabeça e sobre os ombros o livro dos Evangelhos? Oh, quanto mais do que a de outrem move a voz do pastor! São Carlos, além da pregação contínua que mantinha na cidade de Milão, nas visitas costumava pregar duas ou três vezes por dia. Nessas pregações, é bom que o bispo fale normalmente das máximas eternas, que são as armas mais poderosas para conquistar as almas, e, em seguida, admoeste concretamente contra os abusos mais comuns

---

[10] *Episcopos teneri per se ipsos, si legitime impediti non fuerint, ad praedicandum.*
[11] ... est munus episcoporum praecipuum.

daquele lugar e exorte sempre, em geral, a fugir das ocasiões e, por vergonha, não abandonar os pecados; finalmente, deixe sempre como recordação a frequência dos sacramentos e o recomendar-se continuamente a Jesus Cristo e a Maria Santíssima, invocando-os especialmente nas tentações e persignando-se com o sinal da cruz.

Em segundo lugar, é bom que o bispo, na visita, examine as crianças de cada paróquia, para ver como estão instruídas, dispensando pequenos prêmios aos que responderem bem. Pode assim remediar a negligência dos párocos, repreendendo-os e também substituindo, quando necessário, algum vigário paroquial nesse encargo da doutrina naquela paróquia em falta, e isso às custas do próprio pároco, pelo menos para servir de exemplo aos outros párocos. Quanto vale que o bispo faça esse exame dos pequeninos, para tornar bem vigilantes todos os párocos em mantê-los instruídos! Assim fazia São Carlos, e assim praticava também o vigilantíssimo Arcebispo de Nápoles, o Cardeal Spinelli, e assim não se vê mais aquela ignorância das coisas de Deus que se encontra em outras dioceses e que costuma ser causa de muitos pecados.

Em terceiro lugar, nas localidades rurais, o bispo faça examinar os sacerdotes sobre as cerimônias da missa.

Em quarto lugar, deve fazer o escrutínio pessoal de todos os sacerdotes e clérigos do lugar que visita, interrogando cada um deles em segredo, em primeiro lugar sobre os próprios deveres e estado de vida; para insinuar-lhes, segundo a necessidade de cada um, a assistência ao confessionário e aos moribundos, a aplicação ao estudo, à oração, com o desapego às más conversas etc. Em seguida, deve interrogar-lhes sobre os defeitos dos outros e especialmente do pároco, porque o principal fim das visitas deve ser a reforma dos párocos, para verificar se eles se dedicam à pregação, ao confessionário e aos moribundos, se frequentam casas suspeitas, se são vigilantes em extirpar os escândalos, em manter a igreja limpa etc. E dessa maneira interrogue-os também sobre os demais eclesiásticos. Ajuda muito para isso manter um pequeno caderno de memória, onde, com os nomes de todos os sacerdotes e clérigos da diocese, elencados em ordem alfabética, sejam anotadas suas qualidades de bem e de mal, que podem chegar a ser conhecidas pelas informações secretas. Essas memórias poderão servir a mil coisas boas, especialmente para aceitar a eleição dos párocos, dos vigários forâneos ou de outros ministros quando ocorrem, para as advertências específicas a cada um e para melhor velar por seu comportamento e coisas semelhantes.

Interrogue finalmente sobre os abusos, escândalos e dissensões do lugar. Tenha a certeza o bispo de que, nesses escrutínios particulares e secretos, virá a saber muitas coisas importantes de que nunca teria conhecimento, e assim poderá remediar a muitas coisas que, de outra maneira, ficariam sem remédio.

Em quinto lugar, deve fazer a visita às monjas, às quais deve pregar, antes de tudo, para torná-las mais dispostas a receber em seguida as ordens oportunas. É necessário também fazer-lhes o escrutínio particular, ouvindo cada religiosa em segredo, animando cada uma a lhe dizer suas próprias necessidades e também a lhe manifestar livremente alguma desordem que sabe existir no mosteiro ou nas monjas. Mas, nesses escrutínios, o bispo seja cauto a não se manifestar afeiçoado a qualquer das facções que costumam existir nos mosteiros. Primeiro, ouça a todas; em seguida, determine ou aconselhe aquilo que lhe parecer melhor diante de Deus.

Em sexto lugar, dê as ordens oportunas para o decoro das igrejas, seja quanto à administração como sobre os altares e paramentos sagrados, inculcando ao máximo a limpeza e o silêncio nas igrejas. Antes de ir embora, deixe por escrito suas ordens, urgindo com todo o rigor sua execução, para que sejam prontamente realizadas.

Em sétimo lugar, é bom ainda que o bispo, nessas visitas, reveja as confrarias de leigos, procurando que sejam frequentadas e que cada uma tenha seu próprio diretor espiritual que pregue aos confrades e os confesse, e procure estabelecer essas confrarias onde não existam. É por demais reconhecido que os leigos, se não frequentam as confrarias, dificilmente aproximam-se dos sacramentos e dificilmente perseverarão na graça de Deus. Mas seria bom prover que nessas confrarias não fossem obrigados os irmãos a pagar mesada alguma para as exéquias nem para os sufrágios ou para qualquer outra coisa, porque a experiência ensina que muitos, para não serem obrigados a satisfazer aquela contribuição, por pequena que seja, acabam por deixar as confrarias e, assim, perdem a vida devota. Pelo menos estabeleça o bispo que, nessas confrarias, possa ser agregado e participar cada um, mesmo se não quiser pagar coisa alguma, sob condição, porém, que os sufrágios etc. sejam usufruídos somente por aqueles que pagam. Por outro lado, observe-se com rigor a regra de excluir aqueles que faltarem aos encontros por três vezes ou não comungarem ao menos uma vez por mês sem que haja uma desculpa legítima.

Em oitavo lugar, é necessário que nessas visitas administre o sacramento da crisma. Quanto ao bispo administrar o sacramento da penitência, cada um tem sua opinião.[12] São Francisco de Sales não se opunha a confessar quem quer que o solicitasse. Outros dizem que, administrando o bispo esse sacramento, pode haver perigo de enganos, sacrilégios etc. De qualquer maneira, seria bom que pelo menos ele se assentasse no confessionário, nessas visitas, não já para confessar, mas para ouvir alguma pessoa que lhe quisesse falar em segredo e, com o pretexto da devoção de se confessar

---

[12] No original: *unusquisque in sensu suo abundet.*

ao bispo, ficasse livre dos boatos. Isso pode ser útil especialmente para ouvir uma denúncia de alguma mulher que não pudesse ir à residência episcopal.

§ V. As missões

Quem não tem prática de missões e do exercício da confissão que se faz nas missões, nunca poderá entender quão enorme é seu proveito. Nelas, como não se faz de nenhum outro modo, ao distribuir a divina palavra com aquela ordem das máximas eternas às pessoas que a elas acorrem, torna-se quase impossível não se converter a Deus. Além disso, pode-se tocar com as mãos o concurso de Deus. Escreve o Pe. Contensone que só pelas missões as almas obtêm a salvação eterna: "Somente pelas missões realiza-se a predestinação".[13] Mas, ó Deus, o que dizem alguns? Que com as missões se inquietam as consciências. Portanto seria melhor, para não inquietar as consciências, deixar os pobres pecadores em seu estado deplorável

---

[13] *Per solas missiones impletur praedestinatio.*

com aquela paz maldita que é o sigilo de sua condenação? Inquietam-se as conciências? Mas tal deve ser o cuidado do pastor, o de inquietar as ovelhas que dormem no pecado, para que despertem, conheçam o perigo em que vivem e assim retornem a Deus. E para fazer isso não há meio melhor do que as missões. Por isso pode-se notar o esforço que faz o inferno para impedir as missões, servindo-se às vezes dos próprios párocos, mas daqueles que, para não verem descobertas suas faltas, procuram por todos os pretextos impedir a missão. Compete ao prelado suprir seu defeito nesses casos, mandando as missões especialmente àqueles lugares onde se sabe que o pároco é descuidado, sem esperar seu pedido e o do povo, mais ainda quando percebe que o pároco não deseja a missão.

E se as missões são utilíssimas para as cidades, é preciso também convencer-se de que nos povoados pequenos não só são úteis como também são necessárias, porque nesses lugares, onde assistem poucos padres e camponeses, encontram-se facilmente em muitas almas os sacrilégios de más confissões por causa da repugnância de se confessar àqueles com os quais se convive continuamente. Se essas almas tão decaídas não tiverem a vantagem das missões para poder se manifestar a sacerdotes de fora, é moralmente certo que continuarão a não abandonar esses pecados e certamente se condenarão. Rogo a Jesus Cristo que faça entender bem essa verdade a todos os bispos, para não exclamar com o já mencionado Contensone: "Tantos pequeninos pedem pão nas cidades e não há quem o distribua. Ai dos bispos adormecidos!"[14]

É bom, pois, que o bispo providencie as missões em todos os lugares de sua diocese, mesmo os menores, a cada três anos. Digo isso porque às vezes alguns missionários, para facilitar, costumam realizar uma só missão em um lugar central, onde há mais povoados pequenos espalhados ao redor. Venero o zelo deles em querer santificar todas aquelas almas de uma só vez, mas não aprovo sua conduta e peço aos bispos, por quanto amam a glória de Jesus Cristo, que não se contentem com essas missões apressadas, mas procurem que em cada

---

[14] *Tot parvuli in oppidibus petunt panem, et non est qui frangat eis. Vae, vae praelatis dormientibus!*

lugar, por menor que seja, pregue-se sua missão à parte, pelo menos durante oito dias. Saibam que nessas missões centrais acorrem os menos necessitados. Aqueles que estão mais carregados de pecados, e, por conseguinte, menos preocupados com sua salvação, quando a missão não se faz em seu próprio lugarejo (onde são obrigados a assisti-las ao menos por respeito humano de não serem considerados como réprobos), não irão àquele lugar central, ou irão poucas vezes, alegando que é longe, que a pregação termina muito tarde à noite, que o tempo não está bom etc. E, assim, permanecerão em seu lugarejo e no mesmo estado de vida. Falo por experiência.

Ó, em quantos lugares onde se dizia que havia sido pregada a missão, ou porque ela fora feita em um lugar central, ou porque fora feita em um tempo muito curto, encontramo-los necessitados, como se ali nunca tivesse acontecido uma missão! É por isso que nossa pequena Congregação tem o costume, nas dioceses, de pregar as missões lugarejo por lugarejo, por menor que seja, durante pelo menos dez dias. E onde é necessário mais tempo para ouvir as confissões de todos, prolonga-se a missão até vinte ou trinta dias. Creia-se que o fruto maior das missões não consiste em ouvir as pregações, mas em confessarem-se aos missionários todos os habitantes do lugar. Se cada um, durante as missões, não acerta as contas de sua vida passada e não ordena sua vida futura com a confissão, pouco lhe servirão as pregações ouvidas. Nosso estimadíssimo pai, de feliz memória, Dom Falcoia, bispo de Castellamare, que foi, por nossa fortuna, o primeiro e único diretor da nossa mínima Congregação, dizia com muita razão que é melhor não fazer as missões do que fazê-las demasiadamente breves, de maneira que não consigam todos os ouvintes se confessar. Porque com as pregações despertam-se os escrúpulos, e, se eles não puderem se confessar aos missionários, ficarão inquietos em suas consciências. E, não tendo ânimo de se confessar aos confessores do lugar, permanecerão em má fé, cometerão sacrilégios e condenar-se-ão. Será sempre melhor que o bispo providencie as missões completas em poucos lugares, do que em muitos, de maneira imperfeita. Pelo menos dessa forma se saberá que, nos lugares onde não aconteceram as missões, poderá providenciar quando puder.

§ VI. O Sínodo

O Sínodo foi uma invenção do Espírito Santo, para que os prelados pudessem com ele manter o bom governo das igrejas. É conhecido que São Carlos, com os sínodos, reformou e santificou toda a sua diocese. Nos sínodos, com as conferências, examinam-se as inconveniências que devem ser reformadas, as normas que devem ser estabelecidas sobre o decoro das igrejas, ofícios, coro, ordens sagradas, sufrágios, pregações, doutrinas etc. E dessa forma os párocos que devem participar são mais bem instruídos sobre seus deveres e se fazem mais atentos em observá-los.

Sobre a reserva dos casos, que é costume fazer nos sínodos, é bom que os bispos sejam parcos mais do que abundantes. Naquelas dioceses onde reina o execrando vício da blasfêmia dos santos, seria útil reservá-la. O bispo Dom Fabrício de Cápua, Arcebispo de Salerno, de feliz memória, prelado de muito zelo, ao reservar a blasfêmia, moderou bastante esse vício em sua diocese. Quanto ainda à frequência dos noivos, do que nascem inumeráveis pecados, seria bom que em todas as dioceses fosse ordenado que os párocos só assumissem os compromissos dos noivos quando souberem que eles, dentro de poucos dias, deverão contrair o matrimônio. Porque ao se receber o compromisso muito tempo antes, como é costume em muitos lugares, acontece depois que os noivos tomem a liberdade de entrar nas casas de suas noivas e acabem por permanecer todo aquele tempo na desgraça de Deus. Por isso, seria oportuno reservar não somente a cópula e a coabitação ou pernoite dos noivos antes do matrimônio, mas também a culpa dos pais ou chefes de família que os permitam.

§ VII. O conselho

"Quem escuta o conselho é sábio", diz o Espírito Santo (Pr 12,15).[15] Com isso, dizia Dom Campano, bispo de Terme, que o prelado que julga não ter necessidade de conselho para governar bem ou deveria ser Deus, ou será um animal entre os homens. Escreve com louvor Súrio de São Hugo, bispo nicolniense, que, ao

---

[15] *Qui autem sapiens est audit consilia.*

assumir o episcopado, seu primeiro cuidado foi escolher consultores doutos e cheios de temor de Deus. A eles, porém, quando ocorre, é bom que o bispo oculte o próprio parecer e dê liberdade para que manifestem o seu.

Deve o prelado ponderar bem qualquer ordem, antes de dá-la, e não ser muito fácil em resolver suas ações, especialmente no calor da paixão e nos negócios de peso e consequência. Pelo contrário, ao entrar o bispo no governo de sua igreja seria oportuno, falando em geral, que por vários meses ficasse observando todos os desacertos da diocese, meditando sobre os remédios, e só depois agisse, podendo assim acertar melhor as resoluções, quando ele estiver plenamente consciente das coisas e das pessoas de sua diocese. Continuando a governar, é preciso que se aconselhe primeiro com Deus, na oração, em seguida com pessoas prudentes, e depois aja com firmeza, não somente dando ordens oportunas, mas mantendo-as e fazendo-as observar pontualmente. Caso contrário, será melhor não fazê-lo, porque ver que um bispo suporta a não observância de uma ordem sem reagir fará com que sejam desprezadas todas as outras suas ordens. Isso quis dizer São Paulo a

Tito, quando lhe escreveu que estivesse atento a fazer observar suas ordens: "com plena autoridade. Que ninguém te despreze" (2,15).[16] Essa fortaleza, tão necessária ao bispo, significa ainda a sagrada unção que ele recebe em sua consagração. Nunca será um bom prelado quem, nos interesses de Deus, teme desagradar aos homens: "Se ainda agradasse aos homens, eu não seria servo de Cristo", dizia o Apóstolo (Gl 1,10).[17] E um bom bispo acrescentava que o prelado deve estar disposto a ser envenenado, processado ou condenado.

§ VIII. A audiência aos súditos

Tirado o tempo da oração, da missa e do repouso necessário, o bispo deve estar disponível para receber em audiência a todos e a qualquer hora. Ele não é de sua igreja, é de suas ovelhas. É preciso que o bispo advirta especialmente seus servos a acolher todos os que aparecerem, especialmente se são párocos, porque a estes, como

---

[16] *Cum omni imperio, ut nemo te contemnat.*
[17] *Si hominibus placerem, servus Dei non essem.*

também já mencionei acima, que são os mais ocupados e têm em mãos os assuntos mais importantes, se se atrasassem às audiências tornar-se-iam mais negligentes em voltar, dando por desculpa que não houve audiência. E assim as almas e os interesses da glória de Deus irão em ruína.

É preciso, por um lado, que o bispo não tome demasiada familiaridade com qualquer de seus súditos, para não ser enganado por ele ou murmurado pelos demais. Pelo contrário, é preciso que ouça e trate todos com suma cortesia. Ele é pai e, por isso, deve tratar seus súditos como filhos e não como vassalos. Diz São Jerônimo que um bispo que for áspero com os súditos não é apto a governar.

Com as mulheres, pelo menos para edificação dos outros, deve sempre tratar com os olhos baixos, com brevidade e sempre na presença de outrem. São Carlos, quando tratava com mulheres, queria que estivessem presentes pelo menos duas pessoas.

É necessário ainda que o bispo não creia facilmente em relatórios secretos e não dê passo algum sem antes ter ouvido a outra parte e se não tiver procurado acertar bem os fatos a partir de informações de pessoas de confiança.

IX. A correção

É dever próprio do pastor remover da má vida com a correção. Essa é sua obrigação, ainda que lhe custasse a própria vida. "O bom pastor dá a vida por suas ovelhas."[18] Caso contrário, ele deverá dar contas a Jesus Cristo de todos os males que advirão e que ele poderia ter impedido com a correção. Esse é o grande peso que faz tremer os bispos santos. Dom San Felice, de feliz memória, disse-me um dia, tremendo: Padre Afonso, como posso dormir tranquilo, quando sei que uma minha ovelha se encontra na desgraça de Deus? São Gregório imputa, ao bispo que não corrige, o mesmo delito que comete o delinquente.

Para que a correção seja feita como se deve, é preciso primeiro que seja feita com caridade. Quando, nos casos extremos, for necessária a aspereza, é preciso sempre unir o vinho com o óleo, o rigor com a doçura. É por isso que não convém fazer a correção com o sangue quente, porque facilmente se excede. Em segundo lugar, é necessário corrigir com prudência: o

---

[18] *Bonus pastor animam suam dat pro ovibus suis.*

remédio que será bom para um não o será para outro, especiamente quando o réu está obcecado pela paixão que não lhe permite reconhecer sua culpa, nem o faz apreciar a correção. Em terceiro lugar, é verdade que para tornar útil a correção é preciso esperar o tempo oportuno, mas, chegado o tempo, é necessário corrigir com prontidão, e não adiar: ponha-se remédio ao mal tão logo seja possível, uma vez que o fogo, enquanto cintila, facilmente se apaga, mas não quando se torna incêndio. Em quarto lugar, é preciso corrigir em segredo, sobretudo quando o delito é oculto. Para quem perdeu a boa fama, é facil entregar-se totalmente ao vício.

Finalmente, quando a correção é desprezada pelo réu, é preciso ter firmeza em puni-lo, sem medo até de perder a própria vida. Diz São Pedro Damião que o bom pastor ama mais a justiça do que a própria vida.[19] E São Leão: *Àqueles aos quais não foi de proveito a correção não falte a exclusão.*[20] Se o castigo não servir para correção do réu, servirá pelo menos para exemplo dos demais.

---

[19] *Magis amat iustitiam, quam vitam.*
[20] *His quibus prodesse non potuit correptio, non parcat abscissio.*

Sempre, porém, ao usar a justiça, é preciso dar lugar também à clemência, à qual deve ser mais inclinado o bispo, sendo um mau menor, diz Santo Agostinho, ser repreendido pela doçura demasiada do que pelo rigor excessivo. Considere o prelado, ao cominar as censuras, que, sendo elas um remédio extremo, se forem fulminadas com excesso, facilmente acabarão por serem desprezadas. E, quando um réu censurado demonstra estar realmente arrependido, deve logo ser absolvido, caso a prudência não exija um maior tempo de experiência ou se tema um engano. Quanto aos eclesiásticos delinquentes, quando após a correção se percebe a emenda, é ótimo conselho, como soube ser a prática de um prudente prelado, ao invés da prisão, mandá-los viver fora da diocese e não conceder-lhes o retorno, se não após a informação certa de sua emenda, comprovada por longo tempo. Esses são uma espécie de enfermos que dificilmente se curam com remédios ordinários.

Para ser breve, como me propus, termino e deixo de falar de outras coisas menos principais. Mas não posso deixar de concluir esta minha pequena fadiga sem dizer que é necessário persuadir-se cada bispo, que, ao receber a mitra, carrega um grande peso na consciência.

Por isso, se quiser se salvar, é preciso que se resolva, ao assumir o governo, abraçar uma vida não fácil, nem de repouso, mas uma vida de cruzes, de canseiras e de fadigas, vida que São João Crisóstomo chama "oceano de trabalhos e abismo de dores".[21] Daí nasce o grande perigo de se perder e por que passam os prelados que a muitos homens santos provocou tal espanto que parecia obrigá-los até a desobedecer aos superiores, para não assumir esse encargo. E não se pode dizer que seja um temor vão, se é verdade o que disse Santo Agostinho, que é muito difícil um bispo salvar-se, porque é muito difícil satisfazer aos grandes deveres que tem. É demasiado terrível o que diz São João Crisóstomo, que eu não considero ser falso: "Não penso, diz o santo, que sejam muitos os bispos que se salvam, muitos mais são os que se perdem".[22] E diz o santo daqueles que são realmente chamados ao episcopado e obrigados a aceitá-lo; mas, dos outros que o ambicionam e o buscam, ele diz: "Admiro-me se algum deles

---

[21] *Pelagum laborum et aerumnarum abyssum.*
[22] *Non arbitror episcopos multos esse qui salvi fiant, sed multo plures qui pereant.*

poderá se salvar".[23] Se nisso o santo exagera um pouco, eu não sei; sei muito bem que São Pio V, ao ser eleito Papa, foi visto tremer e ficar pálido, e ao ser interrogado por que respondeu: sendo eu religioso, tinha uma grande esperança em minha salvação; feito bispo, comecei muito a temer por ela; agora, tornando-me Papa, dela quase me desespero.

Tudo isso, porém, não deve levar os bons bispos ao desânimo ou à desconfiança, mas despertar neles uma grande vigilância no cumprimento de seus deveres, animá-los de zelo e, ao mesmo tempo, de santas esperanças, sabendo que, se será grande o castigo dos bispos negligentes, será maior o prêmio que nosso gratíssimo e liberalíssimo Deus dará aos bispos zelosos. Diz o mesmo São João Crisóstomo que a diferença existente na terra entre uma pessoa privada e o monarca existirá no céu entre a glória de um solitário que vive santamente em um deserto e um pastor de almas. Quem teme sua fraqueza, decida-se a fazer o que puder por Deus, recorra depois a Deus com confiança e tudo poderá, dizendo

---

[23] *Miror si potest salvari aliquis rectorum.*

com São Paulo: "Tudo posso naquele que me dá força" (Fl 4,13).[24]

Ao terminar, peço a quem me tiver honrado com a leitura deste meu pobre opúsculo, escrito tão imperfeita e simplesmente, como se vê, que me recomende por caridade a Jesus Cristo no santo sacrifício da missa, vivo ou morto que eu esteja, para que me seja misericordioso, pois vendo-me eu – embora por outro caminho – no grande encargo de cuidar ainda da salvação das almas, muito temo por minha própria salvação, temendo não cumprir meu dever como devo. De minha parte, embora miserável, prometo rezar sempre a nosso Salvador Jesus e a sua mãe santíssima, Maria, por todos os pastores do rebanho cristão, a fim de que sejam todos santos e inflamem o mundo no amor de Jesus Cristo.

Louvado seja sempre Jesus no Santíssimo Sacramento. E Maria, sempre Virgem Imaculada.

---

[24] *Omnia possum in eo qui me confortat.*

Mons. Ciriaco Scanzillo

Comentário histórico-teológico sobre a figura do bispo na Igreja

Introdução

Santo Afonso, que, como pastor, é extraordinário no cuidado das almas, neste livreto dedicado aos responsáveis das comunidades, os bispos, põe ao início o texto dos Atos: "'Cuidai de vós mesmos e de todo o rebanho, do qual o Espírito Santo vos estabeleceu como bispos para apascentar a Igreja de Deus' (At 20,28). É certo que aos bispos Deus confiou a direção de sua Igreja e deles depende a santificação dos povos. Com razão dizia, pois, São Carlos Borromeu que da má vida das ovelhas os pastores têm a culpa; e efetivamente vê-se com a experiência que os bispos santificam suas dioceses. São Carlos, que, na verdade, foi o exemplo dos bons bispos e por isso será com frequência citado neste opúsculo, reformou de tal forma seus súditos que a bondade deles difundiu-se, tornando bons também os povos vizinhos" (cf. p. 13)

Nessa introdução proponho-me apresentar a temática do episcopado no contexto da história. Em particular, abordo: 1) as instâncias do pós-concílio sobre a figura do bispo; 2) o tipo ideal de bispo segundo a reforma católica; 3) o tema do episcopado no pensamento do Cardeal Bellarmino; esse terceiro ponto é dedicado ao exame do mais importante escrito sobre os requisitos do bispo, naquele tempo de transição que é o período do barroco; 4) por fim, trato da especial colocação da figura de Santo Afonso na história da teologia e, em particular, de seu pensamento sobre três temas de grande atualidade no contexto da pastoralidade: a) a formação teológica nas igrejas particulares; b) a formação permanente do clero; c) a educação à oração e à esperança, fundamento da caridade pastoral.

1. As instâncias do pós-concílio sobre a figura do bispo[1]

A teologia do episcopado com seus elementos fundantes (a sacramentalidade, a colegialidade, o serviço) constituiu certamente um dos motivos mais relevantes do Concílio Vaticano II. Ela deu lugar a uma reflexão ampla, às vezes "difícil" pelos reflexos imediatos sobre a imagem e a vida da Igreja, e ajudou a redescobrir uma imagem do bispo em sintonia com a tradição apostólica e patrística, que aparece como um ponto essencial de toda a eclesiologia de comunhão do Concílio Vaticano II. Creio

---

[1] C. SCANZILLO, *A figura do Bispo-pastor na Igreja pós-conciliar*, em A. VALLINI (org.), *Para a edificação do Corpo de Cristo. Dez anos de ministério episcopal em Nápoles do Cardeal Michele Giordano*, Napoles 1997, p. 33-51.

que a riqueza dessa imagem possa exprimir-se, de forma adequada, na figura do bispo-pastor, no qual o próprio Cristo continua a pregar o Evangelho, a dar sinais de cura e de vida, a guiar o povo santo de Deus (cf. LG 21).

Neste estudo, gostaria de refletir sobre a recepção dessa figura do bispo-pastor na Igreja e na teologia pós-conciliar, realçando alguns valores que parecem exercer atualmente uma maior sugestão e que pedem um adequado aprofundamento no plano teológico e na praxe pastoral. Desejo deter-me particularmente em três aspectos conexos com o ministério do bispo, que considero muito importantes para a igreja do terceiro milênio: a *fraternidade-paternidade;* a *subjetividade das igrejas locais;* a *consciência missionária.*

1. A serviço da fraternidade

Sempre me impressionaram estas reflexões do Santo Padre, o Papa João Paulo II, apresentadas aos bispos do Brasil em 1980: "Se é estimulante e encorajador para um sacerdote contar com a acolhida e a colaboração de seu povo, a amizade dos colegas, não o é menos – diria que é muito mais – contar com a compreensão, a proximidade, o amparo nas horas difíceis por parte do bispo. Os presbíteros de uma diocese compreendem, de modo geral, que faltem ao bispo dotes de administrador, de organizador, de intelectual, mas sofrem se não encontram nele a confiança de um irmão e a segurança impregnada de afeto de um pai".[2]

Um olhar sobre o mundo contemporâneo ajuda-nos a compreender a importância e a atualidade desta reflexão: na vida de hoje muitas vezes ficamos amargurados com episódios nos quais muitos de nossos contemporâneos parecem ignorar essas dimensões fundamentais da humanidade, de maneira que podemos falar em uma inquietante crise de fraternidade e de paternidade. A figura do bispo, por outro lado, tem algo a nos dizer justamente com relação à fraternidade e à paternidade; trata-se de redescobrir e valorizar o sentido autêntico de um serviço desempenhado não somente na

---

[2] JOÃO PAULO II, Discurso aos Bispos do Brasil (Fortaleza, 10 de julho de 1980), 6, 5, em *Insegnamenti di Giovanni Paolo II,* Libreria Editrice Vaticana, 1980, III/2, 228.

igreja, mas para a humanidade, um ministério que se realiza inteiramente entre dois polos: da fraternidade à paternidade.

O Concílio Vaticano II reconduziu esse laço indivisível à própria origem do ministério episcopal, na inseparabilidade entre o encaro de uma comunidade local e a entrada no colégio, ou seja, na comunhão universal. Padre Congar percebeu plenamente a importância dessa opção. Ele escreve: "O bispo deve salvar a unidade da igreja, lá onde ele exerce seu ofício, mas se trata da unidade da Igreja total"; e os demais bispos "devem repreendê-lo, caso ele se desvie ou erre, porque todos, cada um por sua própria conta, exercem um único e mesmo *episkopé* sobre o rebanho do Senhor". E "como cada igreja local é uma realização da Igreja simplesmente (...) assim o episcopado que cada pastor exerce localmente é uma participação em uma única realidade (...). Portanto, não se pode dissociar nem opor ofício local e qualidade de membro do colégio".[3] O Concílio

---

[3] Y. CONGAR, *Ministérios e comunhão eclesial,* Bolonha 1973, p. 107-120. O autor refere-se, em particular, aos textos de LG 19-20, PO 2 e AG 38.

Vaticano II não admite oposição alguma entre consagração para o cuidado de uma igreja particular e ingresso no colégio, entre a sucessão apostólica para uma igreja local e aquela para a missão universal confiada ao colégio apostólico. Resplandescem asssim indissoluvelmente, no bispo, a paternidade (como chefe de uma igreja local) e a fraternidade (como membro do colégio episcopal).

A afirmação da *sacramentalidade* e da *colegialidade* do episcopado está entre os aspectos mais inovadores da eclesiologia do Vaticano II, destinados a produzir na Igreja um dinamismo imprevisível em benefício de todo o povo de Deus. No terceiro capítulo da *Lumen gentium*, elas se delineam como intrinsecamente ligadas: a colegialidade significa que a missão pastoral, na Igreja, é confiada a um "corpo" (ao *corpus episcoporum*); a sacramentalidade indica que tal missão é transmitida por meio de um sacramento, pelo qual cada bispo recebe uma graça particular para seu ministério, que o une a todo o colégio episcopal. Desse modo, toda a riqueza da *communio* é já fundamentada na realidade sacramental, como elemento constitutivo e permanente do episcopado.

Sobre a paternidade que caracteriza a figura do bispo, o Concílio Vasticano II repropôs também diversos testemunhos bíblicos e patrísticos. Assim LG 21, descrevendo o *eximium servitium* pastoral dos bispos como um *munus paternum*, lembra o texto de 1Cor 4,15: "De fato, mesmo que tenhais milhares de educadores em Cristo, não tendes muitos pais. Pois fui eu que, pelo anúncio do Evangelho, vos gerei no Cristo Jesus". Um único aceno encontra-se em DH 11 ao belíssimo texto de 1Ts 2,7-12, onde são, por assim dizer, enumeradas as solicitudes maternas-paternas do apóstolo: "Imaginai como uma mãe acalentando seus filhinhos, assim, nossa afeição por vós. Estávamos dispostos, não só a comunicar-vos o Evangelho de Deus, mas a dar-vos nossa própria vida, tão caros vos tínheis tornado a nós! Irmãos, certamente vos lembrais de nossos trabalhos e fadigas. Foi trabalhando dia e noite, para não sermos pesados a nenhum de vós, que proclamamos entre vós o Evangelho de Deus. (...) Sabeis também que, como um pai faz com seus filhos, nós exortamos e encorajamos e adjuramos todos e a cada um de vós a que leveis uma vida digna de Deus, que vos chama para seu reino e glória".

No que diz respeito à contribuição patrística, detenhamo-nos nos testemunhos de Inácio de Antioquia e de Hipólito de Roma. Inácio, em particular, considera no bispo a imagem do Pai. Escreve aos Magnésios: "Exorto-vos a vos esforçar para fazer todas as coisas em uma divina concórdia, sob a presidência do bispo, que tem o *lugar de Deus* (*Túpon theoû*)".[4] O motivo de fundo do ensinamento de Inácio é a unidade da Igreja. Ela origina-se do mistério da própria unidade de Deus e se traduz em unidade concreta em uma comunidade visível, provista de organização hierárquica necessária a seu funcionamento: ao vértice dela encontra-se o "bispo visível da Igreja", que tem o *lugar de Deus*; "bispo invisível", que é a imagem viva do Deus invisível.[5] O bispo encontra-se, no colégio presbiteral, como Jesus Cristo em meio aos apóstolos. E, como Jesus Cristo é o pensamento do Pai, o bispo é uma só coisa com o pensamento de Jesus Cristo: o espírito de Jesus está nele.[6] Para Inácio, portanto, "a autoridade episcopal

---

[4] INÁCIO DE ANTIOQUIA, *Magn.* 6,1.
[5] Cf. Ivi 3, 1-2; *Trall.* 3,1; *Rm* 9,1; *Pol.* 8,3; *Smyrn* 8,1.
[6] *Trall.* 2, 1-2; *Eph.* 3,2.

não é somente uma instituição para manter a unidade visível da comunidade ou para conservar a autoridade espiritual, por meio da qual perpetua-se o espírito de Jesus Cristo". Em seu pensamento, "não há traço de qualquer conflito entre a religião da autoridade e a religião do espírito: o fundamento da autoridade é o espírito que vive nela".[7]

O testemunho de Hipólito de Roma é particularmente interessante pelo realce dado à dimensão pneumatológica do mistério da Igreja e do ministério episcopal. Para Hipólito, a Igreja, fundada sobre os apóstolos, só pode subsistir pelo dom do Espírito, que se transmite de geração em geração. Por isso o bispo deve ser tornado idôneo a seu encargo mediante um dom do Espírito (como os apóstolos, feitos tais pelo Espírito recebido de Cristo, como o próprio Cristo o havia recebido do Pai). Portanto, na igreja local é comunicado ao bispo o "Espírito do governo", para que ele guie a comunidade juntamente com os anciãos (o presbitério), aos

---

[7] P. TH. CAMELOT, *Introdução a Inácio de Antioquia – Policarpo de Smirna, Cartas. Martírio de Policarpo*, Paris, 1951, p. 43.

quais é dado o "Espírito do conselho", e com os diáconos, que receberam em dom o "Espírito da solicitude".[8] As orações de ordenação, conservadas na *Traditio* de Hipólito recordam a estupenda riqueza do dom do Espírito, que se derrama nos ministérios da Igreja, particularmente no do bispo: "Deus e Pai de nosso Senhor Jesus Cristo, Pai das misericórdias e Deus de toda a consolação (...), derrama agora o poder que vem de ti, o Espírito soberano (*dúnamim toû enemonikoû pneúmatos*) que deste a teu filho dileto Jesus Cristo e que ele concedeu aos santos apóstolos. (...) Concede, ó Pai, que conheces os corações, a este teu servo que escolheste para o episcopado, que apascente o teu santo rebanho e exerça irrepreensivelmente, sob teu olhar, teu soberano sacerdócio, servindo-te dia e noite; que torne continuamente propício teu rosto e te ofereça as oblações da santa Igreja; que tenha o poder de perdoar os pecados, em virtude do Espírito do soberano sacerdócio, segundo teu mandamento; que ele distribua os encargos, segundo teu querer, e

---

[8] Cf. HIPÓLITO DE ROMA, *A tradição apostólica,* aos cuidados de B. BOTTE, Paris, 1968, p. 44; 56; 62.

dissolva qualquer vínculo, em virtude do poder que concedeste aos apóstolos; que te seja agradável pela mansidão e pureza de seu coração, oferecendo-te um perfume suave por meio de teu Filho Jesus Cristo, através do qual recebes a glória, poder e honra, Pai e Filho com o Espírito Santo, na santa Igreja, agora e nos séculos dos séculos. Amém".[9]

Nessas orações de ordenação, todo o dinamismo da vida eclesial é expresso e significado no Espírito Santo, que guia, ilumina e ajuda a reflexão até à deliberação, torna viva a ação por meio da mansidão e do zelo, apresenta-se como advogado, consolador... nesses ofícios, nos quais a paternidade e a fraternidade, juntas, referem-se uma à outra por meio das três efusões do Espírito.

Nesse contexto de vida eclesial delinea-se o sentido da "corresponsabilidade", ideia dominante do Vaticano II. Escreveu o Cardeal J. Suenens: "Se me fosse perguntado qual é o germe de vida mais fecundo de consequências pastorais que se deva ao Concílio, responderia sem exitar: a redescoberta do povo de Deus,

---

[9] Ivi 42-46.

como um todo, como uma globalidade e, por conseguinte, a corresponsabilidade que daí deriva para cada um de seus membros".[10] O Concílio Vaticano II, com efeito, considerou o povo de Deus em sua totalidade, para que nele apareça mais claramente a multiplicidade das vocações e dos serviços. Há pois um só povo de Deus, escolhido por ele, "um só Senhor, uma só fé, um só batismo" (Ef 4,5).

Nunca se meditará o bastante sobre o fundamento batismal da Igreja, "nenhuma desigualdade existe em Cristo e na Igreja, por motivo de raça ou de nação, de condição social ou de sexo" (LG 32). A mesma diversidade de ofícios não destrói, antes supõe e exige uma verdadeira igualdade com relação à dignidade e à ação comum a todos os fiéis, na edificação do corpo de Cristo. "A distinção, que o Senhor estabeleceu, entre ministros sagrados e o restante do povo de Deus, implica união, pois os pastores e os fiéis estão vinculados entre si por uma relação mútua e necessária: os pastores da Igreja, segundo o exemplo do Senhor, estejam

---

[10] J. SUENENS, *A corresponsabilidade na Igreja de hoje*, Alba, 1968.

ao serviço uns dos outros e dos fiéis, e estes, por sua vez, prestem de boa vontade colaboração aos pastores e doutores" (LG 32). Atingimos assim aquela grande lei eclesiológica, que governa e sustenta toda a Igreja: *a unidade na diversidade,* onde se insere a corresponsabilidade em vários níveis.

No contexto da paternidade-fraternidade do bispo, assume particular importância também a alusão à figura do presbítero, visto como promotor do amor fraterno. Por sua ordenação, ele é chamado "não somente à tarefa de edificar o povo de Deus, mediante o ministério da palavra e da eucaristia, mas também a manifestar, em um modo único e sacramental, o amor fraterno".[11]

Estas reflexões conduzem-nos na lógica da encarnação do Verbo. Ele nos revelou o mistério da caridade de Deus e nos ensina – como afirma o Concílio Vaticano II – que "a lei fundamental da perfeição humana, e, portanto, da transformação do mundo, é o novo manda-

---

[11] CONGREGAÇÃO PARA A EDUCAÇÃO CATÓLICA, *Orientações educativas para a formação ao celibato sacerdotal (1974):* EV 5, 223.

mento do amor". Por isso o Verbo de Deus "dá aos que acreditam no amor de Deus a certeza de que o caminho do amor está aberto para todos e que o esforço por estabelecer a fraternidade universal não é vão" (GS 38). Cremos, com efeito, que "Deus ensina-nos que prepara uma nova habitação e uma nova terra, na qual reina a justiça e cuja felicidade satisfará e superará todos os desejos de paz que surgem no coração dos homens". Então, também "todos esses bens da dignidade humana, da comunhão fraterna e da liberdade, fruto da natureza e do nosso trabalho, depois de os termos difundido na terra, no Espírito do Senhor e segundo seu mandamento, voltaremos de novo a encontrá-los, mas então purificados de qualquer mancha, iluminados e transfigurados" (GS 39).

2. No coração da igreja local

Todos percebem a necessidade de redescobrir a igreja particular e seu valor teológico. A igreja particular é realmente o lugar histórico onde se torna presente o mistério da Igreja universal. Escreve a esse respeito o teólogo Emmanuel Lane: "O Vaticano II marcou certamente a real redescoberta da igreja local e do valor que dela provém. Tal redescoberta é tanto mais completa enquanto o exame, ainda que sumário, da teologia precedente demonstrará quanto nos séculos, no Ocidente, se perdeu de sua realidade teológica, eclesiológica, litúrgica e espiritual",[12] não obstante as obras proféticas de J. A. Möhler,[13] A. Rosmini,[14] Dom A. Gréa,[15] nas quais com tanto vigor afirma-se o direito da Igreja particular.

É oportuno relembrar, nesse contexto, uma significativa experiência das igrejas da Itália meridional, às vésperas do Concílio Vaticano I. Em 1870, o arcebispo de Nápoles, Sixto Riário Sforza, apresentou à secretaria do Concílio um projeto de reforma da igreja local, elabora-

---

[12] E. LANNE, *Igreja local*, em *Dicionário do Concílio Ecumênico Vaticano II*, Roma, 1969, p. 804.

[13] Cf. J. A. MOHLER, *A unidade na Igreja, ou seja, o princípio do catolicismo no espírito dos padres da Igreja dos primeiros três séculos* (Tubinga, 1825), aos cuidados de G. CORTI, Roma, 1969, especialmente as p. 213-245 (A unidade no bispo).

[14] Cf. A. ROSMINI, *As cinco chagas da Igreja* (Lugano, 1848), aos cuidados de C. RIVA, Bréscia, 1976.

[15] Cf. A. GRÉA, *A Igreja e sua constituição divina* (1854), Casterman, 1965.

do pelos bispos "da região napolitana".[16] Estes "concordaram comigo", escreve Riário Sforza, "que não só fosse útil, mas extremamente necessário, preparar-se colegialmente (*coniunctim*), com toda a atenção, para o futuro concílio, para que lhes resultasse mais completa e nítida a condição atual de suas dioceses". Uma necessidade ditada pela impotência da "inteligência individual" diante da complexa "condição moral e espiritual de nossos tempos".[17] Ninguém pode negar que essas considerações e o documento inteiro (que, em uma segunda parte, enfrenta com grande liberdade todas as questões mais importantes da vida da igreja local: visita

---

[16] São os arcebispos de Sorrento, Manfredônia, Salerno, Chieti, Reggio Calabria, Bari, Trani, Taranto, Conza, Gaeta; os bispos de Melfi, Telese, Bitonto, Teggiano, Andria, Oppido-Mamertina, Calvi e Teano, Aquila, Oria, Cerignola, Caserta, Potenza, S. Severo, Lucera, Lacedônia, Gallipoli, Tricarico, Nola, Avellino, Aversa, Castellamare di Stabia, Muro Lucano, Mileto, Capaccio, Nusco. Assinam também dois bispos *in partibus infidelium*: Tanen e Senior Liparen.

[17] *Series propositionum a XXXVII Neapolitanae regionis antistitibus exhibita:* Mansi 53, 378-466 (aqui 378: *Carta do Cardeal Sixto Riário Sforza,* 19 de janeiro de 1870).

pastoral, sínodos diocesanos e provinciais, reuniões dos párocos e dos vigários forâneos juntamente com os bispos, vida em comum dos párocos com os coadjutores na casa paroquial, critérios para a promoção à dignidade episcopal, bispos auxiliares, vigários gerais, cônegos das igrejas catedrais, igrejas colegiadas, igrejas receptícias, confessores, vida e honestidade dos clérigos, estudos dos clérigos, seminários...) constituem – já no século XIX – uma significativa expressão de colegialidade episcopal e de subjetividade da igreja local.

É conhecido que o Concílio Vaticano II convidou a atribuir "a maior importância à vida litúrgica da diocese, que gravita em torno do bispo, sobretudo na igreja catedral", sublinhando que "a principal manifestação da Igreja se faz numa participação perfeita e ativa de todo o povo santo de Deus na mesma celebração litúrgica, especialmente na mesma eucaristia, numa única oração, num só altar, a que preside o bispo rodeado por seu presbitério e por seus ministros" (SC 41). Segundo Lanne, esse texto realizou "uma revolução copernicana, porque de agora em diante não é mais a igreja local que gravita em torno da Igreja universal, mas a única Igreja de Deus, em Jesus Cristo, que se encontra presente em todas as celebrações da igreja local, mediante a ação contínua do Espírito Santo".[18] E o teólogo Hervé Legrand observa "que dessa visão teológica da igreja local brota um duplo dinamismo: em si mesma a igreja local é composta por grupos ativos de *sujeitos*; além disso, em sua relação com a Igreja de Deus, deixa de ser concebida como uma parte subordinada e incompleta de toda a Igreja, mas é ela o *sujeito* ativo da manifestação dessa Igreja em determinado lugar".[19] Acrescenta Bruno Forte: "Isso implica não somente o indispensável espaço de autonomia e de criatividade no âmbito das exigências da comunhão universal, mas também a acentuação das exigências da 'inculturação'".[20] Com razão, pois, Yves Congar afirma que "o grande problema

---

[18] E. Lanne, *Igreja local e igreja universal,* em *Irenikon* 43 (1970) 490.

[19] H. Legrand, *O desenvolvimento de igrejas-sujeito: uma instância do Vaticano II. Fundamentos teológicos e reflexões institucionais,* em *Cristianismo na história* 2 (1981) 129-163.

[20] B. Forte, *a Igreja da Trindade,* Cisinello Balsamo (MI) 1995, p. 227.

que hoje se põe e que exige um esforço novo da teologia consiste em considerar as igrejas locais plenamente sujeitos de sua vida e de suas questões, ou seja, agentes responsáveis".[21] Diremos que uma eclesiologia trinitária, sacramental e pneumatológica exige que as igrejas locais ajam como responsáveis umas pelas outras e, todas juntas, pela Igreja inteira e por sua missão.

Nesse horizonte eclesiológico, o bispo-pastor apresenta-se, de modo especial, como aquele que promove a subjetividade da igreja local na *koinonia* das igrejas. Em ordem a essa importante e difícil tarefa, gostaria de indicar dois "desafios" formativos, que considero mais urgentes: a formação teológica na igreja local e a formação permanente do clero.

a) O primeiro desafio deriva da própria consciência de que a Palavra de Deus constitui o primeiro bem da igreja local.[22] Com efeito, a igreja nasce da Palavra de Deus, não somente

---

[21] Y. Congar, *Os teólogos, o Vaticano II e a teologia*, em G. Defois (org.), *O Concílio, 20 anos de nossa história*, Paris, 1982, p. 177 (171-182).
[22] Cf. Conferência Episcopal Italiana, *A formação teológica na igreja particular* (19 de maio de 1985): ECei 3, 2387.

em termos históricos, mas em sentido atual, porque "Deus, que outrora falou, continua sempre a falar com a esposa de seu amado Filho; e o Espírito Santo, pelo qual ressoa a viva voz do Evangelho na Igreja e, por ela, no mundo, introduz os crentes na verdade plena e faz que a palavra de Cristo neles habite em toda a sua riqueza" (DV 8).

A Igreja recebeu a Palavra não somente para guardá-la, mas para promover sua compreensão no tempo: seu dever é ajudar os fiéis a acolhê-la, a pensá-la inteiramente, a vivê-la fielmente. Somente com essa condição a fé se torna cultura. E a compreensão da Palavra de Deus "cresce quer mercê da contemplação e do estudo dos crentes, que a meditam em seu coração, quer mercê da íntima inteligência que experimentam das coisas espirituais, quer mercê da pregação daqueles que, com a sucessão do episcopado, receberam um seguro carisma de verdade" (DV 8).

Nessa obra de inteligência da Palavra, a teologia oferece um serviço precioso à vida espiritual e pastoral da comunidade cristã. "Sua tarefa é a de um uso crítico da razão, que tende a ilustrar a coerência, a estrutura inteligível, a justificação das conexões, o significado perene do dado de fé no confronto com a mudança das culturas."[23] Por isso, "cada igreja local deve preocupar-se com o próprio crescimento teológico e isso não só exprimindo sapiência intuitiva, ou seja, vivendo aquele *sensus fidei* de que fala a LG 12, mas também refletindo com plena maturidade racional sobre a própria fé. Isso comporta que se preveja concretamente tempos e espaços dedicados especialmente a tal empenho, assim como se faz para a oração e a contemplação".[24]

Infelizmente, encontramo-nos diante de uma exigência nem sempre percebida em nossas igrejas locais, e as consequências são bastante graves (superstição, magia, difusão de seitas e movimentos pseudorreligiosos). Uma subjetividade madura da igreja local passa necessariamente por um crescimento teológico que envolva todo o povo de Deus em seu conjunto, na convicção de que não há duas teologias, uma para os clérigos e outra para os leigos: a teologia é uma só e deve ser comunicada a

---

[23] Ivi 11: ECei 3, 2393.
[24] Ivi 12: ECei 3, 2394.

todos, com a devida atenção à diversidade de vocações, ministérios e orientações formadoras.

Uma válida formação teológica abre, além disso, a subjetividade da igreja local à humanidade inteira, tornando-a responsável não mais por horizontes limitados, mas pela evangelização do mundo. Da *Fidei donum* ao Concílio Vaticano II, à *Evangelii nuntiandi*, à *Redemptoris missio*, a documentação a respeito é abundante. Realiza-se uma radical mudança de mentalidade: a evangelização do mundo, de tarefa própria do Papa e de sua Congregação para a evangelização dos povos, torna-se dever das igrejas locais, dos bispos, dos presbíteros, dos religiosos, dos fiéis espalhados por todo o mundo (cf. LG 23 e 33; EN 62; AG 28 e 38).

Nessa grande abertura de horizontes, assume especial relevo a formação dos leigos na igreja local. O próprio Código de Direito Canônico contém, a propósito, indicações precisas para que todos os leigos atinjam uma fé adulta.[25]

---

[25] Cf., por exemplo, o can. 229 §1: "Os leigos, para poderem viver segundo a doutrina cristã, anunciá-la também eles e, se necessário, defendê-la, e para poderem participar no exercício do apostolado, têm o dever e o direito de adquirir dessa doutrina

Nessa perspectiva o bispo-pastor saberá valorizar com sabedoria o carisma dos teólogos, vencendo a tendência a privilegiar o "teólogo singular" (ao invés dos "teólogos"), o que não ajuda a vida comunitária, necessitada de desenvolvimento harmônico e não de autoritarismos que bloqueiam o crescimento do povo de Deus.

Aqui se insere uma necessária referência à delicada temática do magistério científico dos teólogos, em sua relação com o magistério pastoral: trata-se de "duas funções vitais na igreja, que devem compenetrar-se e enriquecer-se reciprocamente para o serviço do povo de Deus".[26] Parece-nos relevante, a esse respeito, uma consideração de João Paulo II, em um discurso aos bispos belgas (1982), no qual o Papa afirma que o bispo não é somente o depositário de um tesouro de fé herdado do passado, mas deve ser o promotor de uma inteligência sempre nova da fé.[27]

---

um conhecimento adaptado à capacidade e à condição próprias de cada um".
[26] CONGREGAÇÃO PARA A DOUTRINA DA FÉ, *Donum veritatis* (24 de maio de 1990) 40: EV 12, 301.
[27] Cf. *L'Osservatore Romano* de 19 de setembro de 1982.

b) No que diz respeito à formação permanente do clero, o documento *Inter ea* contém uma afirmação muito importante: "A renovação da Igreja, desejada e promovida pelo Concílio Vaticano II, depende em grande parte do ministério sacerdotal e, por isso, da formação dada aos sacerdotes, da continuação e do aperfeiçoamento dela após a ordenação sacerdotal". Por isso, é "uma das principais tarefas do ministério episcopal que esta formação seja segura e cuidada mais profundamente".[28] Acrescentamos uma observação de grande valor teológico-espiritual de Santo Afonso de Ligório, que distingue duas graças particulares: a da vocação e a da perseverança na vocação.[29] Daí se compreende porque considero o cuidado dos presbíteros (de sua formação "contínua",

---

[28] CONGREGAÇÃO PARA O CLERO, *Inter ea* (4 de novembro de 1969) 3: EV 3, 1749.

[29] AFONSO DE LIGÓRIO, *Opúsculos sobre a vocação*, IV, Roma 1965, p. 127: "São duas as graças entre si distintas: a graça da vocação e a graça da perseverança na vocação. Muitos receberam de Deus a vocação, mas depois, por sua falha, tornaram-se indignos de obter a perseverança. Só será coroado aquele que tiver combatido legitimamente (2Tm 2,5)".

por meio de auxílios não episódicos, mas orgânicos e densos de conteúdo teológico, espiritual e pastoral) como um dever prioritário da figura do bispo-pastor.[30]

Por outro lado, não é sem motivo que a temática da formação permanente dos presbíteros foi objeto do Sínodo dos Bispos de 1990. A exortação apostólica pós-sinodal *Pastores dabo vobis* dedica-lhe um inteiro capítulo (o VI, n. 70-81), que extrai o motivo fundante e o título do texto bíblico de 2Tm 1,6: "O Apóstolo pede a Timóteo para 'reavivar', ou seja, reacender como se faz com o fogo sob as cinzas, o dom divino, no sentido de acolhê-lo e de vivê-lo sem jamais perder ou esquecer aquela 'novidade permanente' que é própria de todo dom de Deus, que faz novas todas as coisas (cf. Ap 21,5), e, portanto, vivê-lo em seu frescor perene e beleza originária".[31] Além disso, o documento fundamenta a exigência da formação permanente no próprio sacramento da ordem. Este, com efeito,

---

[30] Para um aprofundamento a respeito, cf. C. SCANZILLO, em *A espiritualidade do presbítero diocesano hoje,* Roma 1981, p. 97ss.

[31] JOÃO PAULO II, *Pastores dabo vobis* (25 de março de 1992) 70: EV 13, 1489 (de agora em diante, PDV).

"confere ao sacerdote a graça sacramental, que o torna participante não somente do 'poder' e do 'ministério' salvíficos de Jesus, mas também de seu 'amor' pastoral", e ao mesmo tempo garante-lhe "todas aquelas graças atuais, que lhe serão dadas sempre que necessárias e úteis para o digno e perfeito cumprimento do ministério recebido" (PDV 70).

Dever do bispo é, pois, não somente prover um oportuno *"aggiornamento"* de seus presbíteros, mas também ajudá-los a viver a "fidelidade ao ministério sacerdotal", entendida como um "processo de contínua conversão", recordando que "alma e forma da formação permanente do sacerdote é a caridade pastoral" (PDV 70). Por isso ele deverá guiá-los a uma intensa e rica unidade de vida, à síntese e harmonia interior das dimensões fundamentais da existência e do ministério presbiterais: *humana, espiritual, intelectual, pastoral* (cf. PDV 43-57).

A *formação humana* atinge seus valores das mesmas atitudes humanas de Jesus: "Vemo-lo fazer festa nas bodas de Caná, frequentar uma família de amigos, comover-se pela multidão faminta que o segue, restituir filhos doentes ou mortos aos genitores, chorar a perda de Lázaro" (PDV 72). Ela é formação contínua "ao amor pela verdade, à lealdade, ao respeito por toda pessoa, ao sentido da justiça, à fidelidade à palavra dada, à verdadeira compaixão, à coerência e, em particular, ao equilíbrio de julgamento e de comportamento" (PDV 43), para que o presbítero seja "capaz de encontrar e dialogar com todos". Faz do presbítero um "homem de comunhão": "afável, acolhedor, sincero nas palavras e no coração, prudente e discreto, generoso e disponível ao serviço, capaz de oferecer pessoalmente e de suscitar em todos relações claras e fraternas, pronto a compreender, a perdoar e a consolar" (PDV 43).

– A própria formação humana, "no contexto de uma antropologia, que acolhe a verdade total do homem, abre-se e se completa na *formação espiritual*". Assim, para cada presbítero a *formação espiritual* "constitui o coração que unifica e vivifica seu ser padre e seu agir como padre" (PDV 45).

– A *formação intelectual* é uma exigência indispensável da inteligência com a qual o homem "participa da luz da mente de Deus" (GS 15), da inteligência da fé. É digna de relevo, a esse propósito, a experiência de Santo Agostinho, pela qual a fé não pode prescindir da razão e do esforço de "pensar" seus conteúdos: "Desejei ver com o intelecto aquilo em que acreditei e muito disputei e me esforcei".[32] Formação intelectual (teológica) e vida espiritual encontram-se e se fortalecem mutuamente, como atesta a experiência espiritual dos santos doutores.[33] Hoje, especialmente, uma difusa desconfiança com relação à capacidade da razão de alcançar a verdade objetiva, a indiferença religiosa e o relativismo ético tornam ainda mais urgente a formação contínua para o discernimento crítico.

– A *formação pastoral*, enfim, significa comungar da caridade de Cristo-Pastor: "a caridade pastoral de Jesus é um dom e, ao mesmo tempo, uma tarefa, uma graça e uma responsabilidade" (PDV 72). A própria caridade pastoral é o princípio unificador de todos os aspectos da formação permanente, é o princípio constitutivo da Igreja, que é essencialmente *koinonia*.

---

[32] AGOSTINHO, *De Trinitate* 15,28.
[33] Cf. BOAVENTURA, *Itinerarium mentis in Deum*, Prólogo, 4.

3. Para uma nova consciência missionária

É bastante conhecida em eclesiologia a orientação de colocar na "missão" a chave de compreensão global da Igreja. Não é, com efeito, a *missio* – interroga-se Severino Dianich – "o ponto de origem da Igreja e, ao mesmo tempo, sua tensão essencial rumo ao Reino?"[34] E Pietro Rossano observa que "a Igreja poderá compreender e exprimir concretamente sua natureza e catolicidade somente na medida em que entrar em contato e em comunhão com a inteira família humana".[35] O Concílio Vaticano II exprimiu (em LG 17) algumas ideias de fundo a esse respeito: o fundamento trinitário da missão, que se torna histórica na Igreja; a destinação universal da mensagem e a corresponsabilidade de todo o Povo de Deus pela renovação da humanidade; o impacto com as diversas culturas do homem.

---

[34] S. DIANICH, *Igreja em missão*, Milão, 1985, 300.
[35] P. ROSSANO, *Teologia da missão*, em *Mysterium Salutis*, VII, Brescia, 1972, 605.

No centro da "missão" devemos colocar o Espírito Santo. Ele é o protagonista de toda a missão eclesial, emerge em toda a sua subjetividade divina "como aquele que deve agora continuar a obra salvífica, radicada no sacrifício da Cruz (...), confiada por Jesus aos homens, aos apóstolos, à Igreja".[36] Esse motivo é particularmente rico nos Atos dos Apóstolos, onde a fonte do dinamismo missionário é descrita como presença e potência do Espírito: o Espírito é presente, impulsiona, opera nos apóstolos e nos ouvintes da mensagem evangélica. Além disso, nos seis discursos missionários (discursos-modelo) nele transcritos (At 2,22-29; 3,12-26; 4,9-12; 5,29-32; 10,34-43; 13,16-41), o pano de fundo compreende sempre, ao lado do anúncio do Cristo, o convite a "se converter", ou seja, a acolher Jesus na fé e a se deixar transformar nele pelo Espírito.

Na multiplicidade de formas do "mandato missionário" no Novo Testamento, ao lado da constante da presença do Espíri-

---

[36] JOÃO PAULO II, *Dominum et vivificantem* (18 de março de 1986) 42: EV 10, 552. Cf. tambem ID., *Redemptoris missio* (7 de dezembro de 1990) 21-30: EV 12, 592-609 (de agora em diante *RM*).

to e da assistência do próprio Jesus, reconhece-se também a constante da dimensão universal: "todas as nações" (Mt 28,19); "pelo mundo inteiro ... a toda criatura" (Mc 16,15); "a todas as nações, começando por Jerusalém" (Lc 24,47), "e até os confins da terra" (At 1,8). Esses dois elementos encontram-se juntos ainda nos Atos, no contexto muito significativo do Concílio de Jerusalém (cf. At 15,5ss), onde é apresentada como obra do Espírito Santo a importante decisão do Concílio: não é necessário que os gentios se submetam à lei judaica para se tornarem cristãos. Trata-se de uma decisão fundamental para a abertura universal: a partir daquele momento a Igreja abre suas portas e torna-se a casa onde todos podem entrar e sentir-se à vontade, conservando a própria cultura e as próprias tradições, desde que não estejam em contraste com o Evangelho. Sempre nos Atos, os discursos de Listra e de Atenas (At 14,15-17; 17,22-37) são reconhecidos como modelos para a evangelização das gentes: neles Paulo entra em diálogo com os valores culturais e religiosos dos diversos povos.

O Concílio Vaticano II recorda a obra do Espírito no coração de cada homem, mediante as "sementes do verbo", nas iniciativas também religiosas, nos esforços da atividade humana tendentes à verdade, ao bem, a Deus (cf. AG 28).

Abre-se, a esse ponto, uma consideração muito importante: a tarefa própria do ministério apostólico, e, portanto, do bispo, é comunicar o Espírito Santo. É exatamente a atenção a essa tarefa o caminho escolhido pelo Concílio Vaticano II para delinear a figura do bispo-pastor contra as exasperações de certo jurisdicismo: "Cristo enriqueceu os apóstolos com a efusão especial do Espírito Santo (cf. At 1,8; 2,4; Jo 20,22-23), em ordem a poderem desempenhar ofícios tão excelsos (*ad tanta munera explenda*); os apóstolos, por sua vez, transmitiram a seus colaboradores, pela imposição das mãos, esse dom do Espírito (cf. 1Tm 4,14; 2Tm 1,6-7), que chegou até nós pela consagração episcopal" (LG 21). Os textos bíblicos aqui recordados são muito importantes. Jo 20,22-12 e At 1,8 narram uma comunicação do Espírito na tarde da Páscoa e em Pentecostes. Os outros referem-se à imposição das mãos: a tradição cristã viu neles o início daquela que será até nossos dias a consagração episcopal.[37] Hipólito de Roma, na *Traditio apostolica*, apresenta a imposição das mãos como sinal da comunicação efetiva de um dom do Espírito Santo ao candidato ao episcopado. O texto conciliar sublinha que "juntamente com o múnus de santificar, a consagração episcopal confere ainda os ofícios de ensinar e de governar, que, por sua natureza, não podem exercer-se senão em comunhão hierárquica com a cabeça e com os membros do colégio" (LG 2,1).

Projetar a Igreja no dinamismo missionário do Espírito com dimensão universal parece, pois, constituir uma das tarefas mais importantes e fascinantes do bispo-pastor. A ordem de Jesus: "Fazei discípulos meus todos os povos" põe o bispo diante do drama de nossa época, que Paulo VI indicou na "fratura" entre Evangelho e cultura: "Ocorre pois fazer todos os esforços em vista de uma generosa evangelização

---

[37] G. LECUYER, *O episcopado como sacramento*, em *A Igreja do Vaticano II*, Florença, 1965, p. 717ss. Note-se que o Concílio de Trento cita 2Tm 1,6-7 para apresentar a ordem como um verdadeiro sacramento (cf. DS 1766).

da cultura, mais exatamente das culturas. Elas devem ser regeneradas mediante o encontro com a boa-nova".[38] Levando em conta que a missão não significa apenas pregar o Evangelho em faixas geográficas sempre mais vastas, mas também "alcançar e como que envolver, mediante a força do Evangelho, os critérios de julgamento, as fontes inspiradoras e os modelos de vida da humanidade, que se encontram em contraste com a Palavra de Deus e com o desígnio salvífico" (EN 19).

Dever do bispo-pastor é ajudar a igreja local a encarnar o Evangelho no coração de seu povo, por meio de um processo de autêntica inculturação da fé, consciente de que "a evangelização perde muito de sua força e de sua eficácia se não leva em consideração o povo concreto ao qual se dirige, se não utiliza sua língua, seus sinais e símbolos, se não responde aos problemas por ele postos, se não interessa a sua vida real" (EN 63).

Esse texto da *Evangelii nuntiandi* constitui sempre uma importante verificação para as

---

[38] PAULO VI, *Evangelii nuntiandi* (8 de dezembro de 1975) 20: EV 5, 1612 (de agora em diante EN).

nossas igrejas locais e para o ministério do bispo. Ajuda-nos a compreender que a "resposta" dos fiéis é parte integrante da ação pastoral. E provoca em nós a interrogação sobre nossa efetiva capacidade de comunicar um Evangelho que responda às expectativas de salvação dos povos: a linguagem da Igreja, e dos pastores em particular, entra no vivo dos problemas de nossa gente ou resulta estranha aos interesses cotidianos de nosso povo? A verificação contínua, nesse campo, ajudará o bispo a ser anunciador de uma palavra de vida e de esperança para seu povo e a prevenir o perigo de uma Igreja incapaz de se comunicar.

Nesse sentido, a inculturação da fé é expansão da vida mesma da Igreja na história de uma comunidade humana. Ela "deve envolver todo o povo de Deus, não somente alguns peritos (...), deve ser expressão de vida comunitária, ou seja, maturar no seio da comunidade, e não fruto exclusivo de pesquisas eruditas" (RM 54).

Concluindo, a referência do ministério episcopal à ação do Espírito e à universalidade da missão ajuda-nos a perceber mais profundamente o papel de responsabilidade do bispo-pastor para o crescimento de todos os carismas e ministérios na igreja local, na realização da *koinonia*. No exercício dessa missão há um dar e um receber dos outros ministérios, porque "plenitude" (ou primado) e "autossuficiência" não se identificam.[39] Com efeito, a Igreja não pode ser compreendida segundo uma visão "piramidal", de cuja hierarquia desce aos demais cristãos toda a vida e a verdade. Ela é concebida, ao invés, em referência a Cristo e ao Espírito Santo, princípios "coinstituintes" do mistério da Igreja.[40]

"Ele distribui continuamente ao seu corpo, que é a Igreja, os dons dos ministérios (*dona ministrationum*), pelos quais, graças ainda ao seu poder, nos ajudamos uns aos outros no caminho da salvação (*invicem ad salutem servitia praestamus*), para que, professando a verdade na caridade (*veritatem facientes in caritate*), cresçamos de todos os modos para ele (*crescamus in illum*), que é nossa cabeça (cf. Ef 4,11-16 gr.). Para que possamos renovar-nos continuamente nele (cf. Ef 4,23), repartiu conosco seu Es-

---

[39] R. TILLARD, *O bispo e os outros ministérios*, em *Irenikon* 48 (1975) 195-200; 49 (1976) 162-166.

[40] Cf. Y. CONGAR, *Eu creio no Espírito Santo*, Paris 1980, II, 16-17 e 114.

pírito (*dedit nobis de Spiritu suo*), o qual, sendo um só e o mesmo na cabeça e nos membros, vivifica, unifica e dirige de tal modo o corpo inteiro (*totum corpus ita vivificat, unificat et movet*) que sua função pôde ser comparada pelos santos Padres àquela que a alma, princípio de vida, exerce no corpo humano" (LG 7).

2. O tipo ideal de bispo, segundo a reforma católica

Nesta segunda parte, que trata da atenção dada pela reforma católica ao tipo ideal do bispo, temos a oportunidade de percorrer um breve *excursus* histórico de 1409 a 1618: é uma corrente, ao fim da qual encontramos o Cardeal Roberto Bellarmino.[1]

Servir-nos-á de guia um perito da época da reforma, Uberto Jédin.[2] Não se trata de uma simples moda literária interrogar-se: quem é o bispo, o que significa cura das almas, quais são

---

[1] Cf. C. SCANZILLO, *O bispo na eclesiologia de S. Roberto Bellarmino,* em *Atos do Congresso Internacional de Estudos,* Cápua 28 de setembro – 1 de outubro de 1988, vol. I, p. 71-96.

[2] Cf. U. JEDIN, *O tipo ideal de bispo segundo a reforma católica,* Brescia, 1950, p. 9-110.

os pressupostos necessários para o reto cumprimento do ofício episcopal. E nem se trata de uma mera exigência teológico-moral ou ascética. Trata-se de uma inspiração em modelos vivos que, por sua vez, agem na vida. O fulcro da renovação encontra-se no princípio de unidade da igreja local: o bispo. Se a reforma empenha o bispo, o movimento naturalmente se espande e arrasta toda a igreja local.

O movimento da reforma não é a exigência de um momento histórico particular – pensemos nos séculos XI, XV e XVI –, mas toca o próprio mistério da Igreja: "A Igreja... é ao mesmo tempo santa e sempre necessitada de purificação, sem descanso dedica-se à penitência e à renovação"[3] (LG 8).

A Idade Média tardia oferece-nos personagens dignas de relevo: Gerson; Dionísio, o Cartuxo; e dois santos italianos, Lourenço Giustiniani e Antonino de Florença. Estamos no período de tempo que vai de 1409 a 1456. A eles é preciso acrescentar o leigo Gaspar Contarini, que se tornou Cardeal, e Gian Matteo Gilberto, bispo de Verona.

---

[3] *Ecclesia sancta simul et semper purificanda, poenitentiam et renovationem continuo prosequitur.*

A pessoa que sentiu vivamente o problema da reforma é, sem dúvida, João Gerson, teólogo e chanceler da Universidade de Paris (1336-1429), autor bastante lido, a quem somos devedores de dois documentos pertinentes a nossa pesquisa: a pregação sinodal de 1409 sobre o texto de Jo 10,11: "O bom pastor dá a vida pelas ovelhas", e a carta a um amigo seu, nomeado bispo.

Na pregação sinodal, o autor indica como tarefa do bispo a cura de almas. Essa comporta três atenções:

a) a pregação é um dever primário: assim é em Paulo, João Crisóstomo, Gregório Magno; hoje, ao invés, é considerada como coisa inferior de frades medicantes e de pobres teólogos. Vale, pelo contrário, o princípio: "quanto mais alto é o encargo eclesiástico, tanto mais estrito é o dever do anúncio";

b) a *sancta conversatio*, ou seja, o teor de vida do bispo e a administração dos bens (limites à mesa, ao pessoal de serviço, às despesas gerais);

c) a cura das almas (*pia subventio*), a digna celebração dos Sacramentos, visitas pastorais, sínodos, como eixos da reforma.

No segundo documento, carta a um seu amigo, Gerson estabelece cinco pontos para o bispo, responsável diante de Deus pela salvação de todas as almas a ele confiadas:

a) celebrar frequentemente sínodos e, neles, recordar ao clero os próprios deveres;

b) conferir as ordens sagradas e os benefícios somente a pessoas dignas;

c) cuidar no povo o conhecimento das verdades cristãs fundamentais;

d) examinar pessoalmente os candidatos às ordenações sagradas e os aspirantes às prebendas;

e) manter por escrito esses pontos e tê-los sempre diante dos olhos.

Na mesma linha reformadora, Dionísio (data das obras: 1452-1469) escreveu o tratado *De vita et regimine praesulum*, realçando a exigência da vida interior; um ardente amor a Deus, que se realize na sede pelas almas; o bispo-príncipe ser antes e sobretudo bispo; a necessidade de um exame de consciência atento; uma cuidadosa escolha dos colaboradores; a cura das almas; o fazer reviver os sínodos; enfim, o ditado *bona episcopalia sunt bona animarum*. A pesquisa dionisiana não foi muito utilizada e melhor sorte não tiveram os dois santos italianos, que refulgem como estrelas solitárias. Entendemos falar de São Lourenço Giustiniani e de Santo Antonino de Florença.

São Lourenço, primeiro patriarca de Veneza (1451-1456), que escreve o *De institutione et regimine praelatorum,* é atento ao descrever a vida interior, fundamento da vida pastoral: humildade, pureza de intenção, contemplação, e, ao mesmo tempo, expressa justa deploração pela *deformitas* dos prelados contemporâneos.

Santo Antonino de Florença escreve entre 1440 e 1454 uma *Summa Theologiae moralis* e, como teólogo moralista, trata dos deveres do bispo: escolha dos candidatos às ordens sagradas; perspicácia na concessão dos benefícios; visita pastoral (o modo de tratar é um pouco prolixo). Na segunda metade do século, acontece uma queda de valores: a dignidade episcopal empalideceu diante do esplendor do cardinalato e acaba considerada como um modo de ganhar a vida por humanistas e empregados. Valia o princípio "para cada um é preciso um episcopado e um benefício".

Toda essa situação gera uma repugnância percebida no próprio mundo laical, e, exatamente nesse ambiente, eleva-se uma voz muito apreciada: Gaspar Contarini (que, a seguir, se tornou cardeal). Ele indica muito claramente a situação, quando afirma:

"Não quero ter nada a ver, de agora em diante, com um bispo que discuta com Deus como com um agente dos impostos, sobre aquilo a que é obrigado por rigor de justiça, mas com um bispo que saiba, antes, o que deve fazer pela lei do amor." O mesmo autor assegura: "é uma vergonha não tanto que o bispo desconheça Virgílio e Aristóteles, mas que ainda não tenha lido por inteiro os Evangelhos!".

Contarini escreveu um livro, *De officio episcopi*, para o amigo Pedro Lippomani, há pouco nomeado bispo de Bérgamo. No bispo não bastam as virtudes descritas por Aristóteles na Ética e na Política, que constituem o homem perfeito, mas são necessárias as três virtudes teologais, fé, esperança e caridade, que constituem o perfeito cristão. Na descrição dos deveres do bispo, divididos em quatro grupos: a) o serviço divino; b) a administração e a cura das almas; c) a beneficência; d) o uso das entradas, o autor apresenta um quadro das necessidades mais urgentes, como os deveres da vida interior, missa, breviário, fidelidade à residência, tão necessária enquanto negligenciada por muitos; o ocupar-se com a cultura do clero; a pregação, que deve ser realizada pessoalmente e não deve ser confiada a religiosos, como se faz habitualmente; a atenção aos perigos constituídos pelos livros heréticos e a preocupação em oferecer aos jovens um conhecimento religioso adequado: "muitos aprendem gestos e mitologia dos antigos romanos – afirma Contarini – e ignoram a religião cristã".

A súplica por um espírito realmente apostólico na cátedra episcopal encontra uma feliz realização na pessoa de Gian Matteo Giberti, nomeado bispo de Verona. Estamos em 1524, e Giberti, embora sendo datário do Papa, renuncia aos outros benefícios, faz-se consagrar imediatamente e, de 1527 a 1543 (ano de sua morte), não abandona mais a diocese. Exemplaríssimo, fiel ao seu princípio *servir e não dominar o rebanho recebido*,[4] primeiro grande pastor dos novos tempos, modelo da reforma tridentina. A atividade renovadora de Giberti é descrita por Pier Francesco Zini em um pequeno livro, *Boni pastoris exemplum*. Trata-se

---

[4] *Commisso gregi non prodesse non praeessae.*

de uma ação de vasta abrangência, que parte da reorganização do culto: providenciou a tradução italiana e a impressão do *Ordo Missae*, um *Ritual para a administração dos sacramentos*, a *Summa argumentorum* para os pregadores, passando pelo cuidado do seminário, exame para as ordenações, a formação do clero (com aulas semanais de teologia prática), a pia associação entre os sacerdotes. É o início das reuniões pastorais, em que, mais tarde, se manifestará excelente a ação de São Carlos Borromeu; o *liber animarum*, necessário para cada pároco registrar a vida espiritual das famílias, além do registro dos batismos; a comunhão frequente (promovida não somente na Páscoa, em Pentecostes, na Assunção, Todos os Santos e Natal), para chegar a uma formação catequética paroquial e nas casas religiosas, às visitas pastorais, com relativos decretos de reforma, verificados por pessoal para isso indicado.

Toda essa obra reformadora é recolhida em 1542 nas *Constituições*. Onde manifestar-se-á de maneira surpreendente que a obra de Giberti será o campo da caridade (três grandes hospitais para crianças abandonadas, para os enfermos, o leprosário, a ajuda às consagradas e às mulheres e crianças decaídas ou em perigo; aqui tem início o movimento de Santa Francisca de Chantal e de São Vicente de Paulo). E há ainda a grandiosa tentativa de organizar o apostolado dos leigos, a *Societas Caritatis*, que é uma associação de padres e leigos, para exercitar a caridade prática. Para esse fim, são previstas reuniões mensais, com a presença do bispo, abades, párocos, magistrados, comerciantes e operários, para examinar e verificar a atividade assistencial em âmbito sanitário, moral e espiritual. A estatura espiritual de Giberti é tal que constituiu um polo de atração para as pessoas de seu tempo, como Seripando e Francisco Carafa. Zini, o biógrafo de Giberti, como já dissemos, ofereceu aos Padres do Concílio de Trento as *Constituições* feitas por ele, e o próprio São Carlos Borromeu toma como vigário-geral Nicolau Ormaneto, um dos íntimos colaboradores de Giberti.

Prosseguindo nosso caminho histórico, encontramos Luis Becadelli (arcebispo de Ragusa), expressão do humanismo cristão, escritor da vida de Cosme Gherio, reformador convicto no território de Fano, embora não sendo nem bispo nem presbítero, suscitador de uma pastoral fundamentada no amor. Ele dizia: "não imponho a ninguém um dever, sem tê-lo cumprido eu mesmo". Becadelli descreve ainda a vida de Contarini, amante da pureza dos ideais. Dizia Contarini: "não considero de modo algum o chapéu cardinalício como o máximo de minhas honras". Com efeito, ele vê a salvação e, portanto, a atuação da reforma no ato de colocar em lugares de comando homens novos, de nomear bons cardeais e bons bispos.

No entanto, perfilam-se no horizonte grandes batalhas em torno de dois argumentos capazes de polarizar a atenção do Concílio de Trento: o problema da residência dos bispos e a obrigatoriedade dessa residência e ainda a luta contra a instituição de bispos titulares e auxiliares, considerada responsável pelo costume muito difundido entre cardeais e bispos de viverem longe da própria diocese, apoiando-se na suplência realizada pelos bispos titulares e auxiliares.

A residência do bispo torna-se uma palavra de ordem. O Cardeal Caetano – estamos em 1517 – no comentário à II-II, q. 185, a.5, apresenta uma cerrada argumentação: por vontade de Cristo e, portanto, sob preceito divino, o bispo é obrigado a realizar a finalidade do episcopado, que é a cura das almas; ora, a residência do bispo é necessária para a causa das almas; portanto, o bispo é obrigado por preceito a residir pessoalmente na casa episcopal, eis o *ius divinum* da residência. O apóstolo Paulo diz: "é preciso que o bispo seja doutor, não que o bispo tenha junto a si um doutor". De fato, na consagração ao bispo é dito: "Vai, prega ao povo de Deus", e não: "Envia outras pessoas para que preguem".

Torna-se aguda ainda a questão da dispensa papal da obrigação de residência e considera-se que o Papa não pode abolir o direito natural e divino, mas somente interpretá-lo. Põe-se portanto a questão: as dispensas papais concedidas com facilidade têm valor no âmbito da consciência e não somente *pro foro externo*?

Por fim, lançamos um olhar muito rápido sobre as contribuições da área europeia ocidental nessa obra de reforma, bastante notáveis em primeiro lugar na Espanha. Basta citar o grande contributo espiritual e cultural de Salamanca e dos bispos espanhóis no Concílio de Trento. A Alemanha ressente o peso da mundanização dos bispos, na qual prevalece a consciência de serem príncipes sobre a de serem sacerdotes. Não faltam vozes importantes de denúncia: os bispos não residem, não celebram sínodos, não cumprem as visitas prescritas, não têm bons critérios de nomeação para cargos, não exercem o magistério episcopal.

A França apresenta um episcopado bastante provisto economicamente e ligado à coroa, por causa do direito de nomeação que tinham os reis franceses. Os bispos permanecem, porém, quase inertes diante dos sucessos da pregação calvinista. Elevam-se vozes de denúncia e a apresentação da primeira carta a Timóteo como uma espécie de *regula pastoralis,* por parte do doutor da Sorbonne, Claudio d'Espence. Este, no ano de 1561, faz notar "que não deve causar maravilha que as ovelhas sejam estraçalhadas, se os pastores permanecem longe por longo tempo". E ainda o mesmo autor propõe limitar a três ou quatro meses o serviço de corte por parte dos bispos, para que dediquem tempo às próprias dioceses.

De Portugal levanta-se uma voz muito importante, a do arcebispo de Braga, Bartolomeu dos Mártires, com a obra *Stimulus pastorum, ex sententiis patrum concinnatus, in quo agitur de vita et moribus episcoporum aliorumque praelatorum* (Roma, 1564). Ele goza de grande prestígio, tanto em sua pátria como no Concílio. Busca suas fontes nos clássicos: São Gregório Magno (*Reg. Past.*), São Bernardo (*De consideratione*), Agostinho e João Crisóstomo. Importante a II parte, *De moribus praelatorum*, em que se detém a considerar a importância precípua da pregação. Lança a pergunta: é impossível pregar e governar? No entanto, para Agostinho, Ambrósio e Gregório Magno foi possível. Ele afirma ainda: "Nenhuma babá pode substituir a mãe, a viva palavra do bispo tem maior peso do que as belas prédicas dos colaboradores".

O primeiro dos verdadeiros tratados sobre os requisitos do bispo, como efeito do Concílio de Trento, é o escrito pelo mestre de ascética Luiz de Granada (biógrafo de Bartolomeu dos Mártires), *De officio et moribus episcoporum* (redação ampliada de um discurso sobre o texto de Jo 21,15: "Simão, filho de João, tu me amas mais do que estes?"). Consta de três partes. A primeira trata da questão preliminar: basta escolher uma pessoa digna para o episcopado? Ou entre os candidatos o mais digno? Resposta: somente os mais dignos. Na segunda parte, sobre as qualidades do bispo, ele enuncia cinco: santidade de vida, prudência, diligência, fortaleza, ciência. Acerca dos deveres episcopais, evidencia a pregação como principal atividade; inculca ainda a necessidade de escolher os melhores padres como párocos, diga-se o mesmo do bom exemplo, da sagrada visita, da correção dos padres e dos leigos, do exercício da caridade; afirma que é preciso ser duro como o aço para resistir às recomendações, que visam a aumentar os membros da corte do bispo. A terceira parte é uma comovente apóstrofe sobre o amor. Cristo solicita de Pedro o amor, síntese de todas as virtudes do pastor. O amor é o fogo que inflamou Inácio de Antioquia, Lourenço e Vicente em seu martírio. Em síntese, devem ser realçadas as duas contribuições: o *Stimulus* e a pregação de Luiz de Granada.

Concluindo essa segunda parte, apresenta-se a nós não um livro que fale do bispo como a literatura da península ibérica descreveu nessa época, mas uma realização, uma pessoa que traduz o ideal, Carlos Borromeu. As almas eleitas estreitam laços de reciprocidade e de amizade: o arcebispo de Braga, de quem falamos, vai a

Roma em 1563 e estabelece amizade com o sobrinho do Papa, Carlos Borromeu. Promotor da reforma, de vontade indomável, Carlos Borromeu, inexoravelmente, reduz sua corte, licenciando mais de oitenta de seus servos, dedicado à oração, ao jejum e à pregação, na qual se exercita com grande cuidado, sabendo que pregar é o *munus praecipuum* do bispo; como vigário-geral envia a Milão Nicolau Ormaneto, discípulo de Giberti, espírito zeloso e defensor da necessidade da reforma. Carlos Borromeu está mais do que convencido do *ius divinum* da residência, que ele honra com sua heroica vida (cf. *Acta Ecclesiae Mediolanensis*). Também do ponto de vista dos estudos, São Carlos manifesta uma sensibilidade pela cultura da reforma, e, daí, a nova edição das obras de Cipriano, preparada por Paulo Manuzio em 1563. O que quer significar atenção aos bispos, para fazer ecoar novamente a lição de Cipriano, ou seja, a chama do zelo pela salvação das almas, como afirma Manuzio no prefácio.

Giberti de Verona, Bartolomeu dos Mártires e o próprio Contarini podem considerar-se os grandes inspiradores da reforma na mente e no coração de São Carlos Borromeu. O biógrafo de São Carlos é Agostinho Valerio (ou melhor, Valier), *Vita Caroli Borromae cardinalis S. Praxedis* (Verona, 1586). O mesmo Valerio, a pedido de São Carlos, escreveu um livro sobre o tipo ideal de bispo segundo São Carlos, o *Episcopus*. Valerio escreve ainda, em 1595, o *De cauta imitatione Sanctorum episcoporum*, para o sobrinho cardeal Frederico Borromeu. Dois pontos são evidenciados nesse livro:

a) nem tudo aquilo que é realizado por um santo pode ser imitado. Por exemplo, as austeridades ascéticas de São Carlos Borromeu e o extremo rigor com que ele resolvia os problemas;

b) no zelo do bom pastor, Frederico não só deve reproduzir o modelo, mas tentar fazer melhor ainda.

Por último, podemos perguntar: qual foi a influência de Borromeu? Já em 1565, o embaixador veneziano dizia: "O exemplo de Carlos Borromeu tem mais valor do que todos os decretos do Concílio de Trento". Certamente, em Trento foi corrigida a excessiva centralização papal em favor dos bispos, mas surge um problema: como encontrar homens que saibam fazer bom uso das faculdades que lhes foram concedidas? São Carlos é o verdadeiro suscitador desses homens, pelo que se pode falar, com razão, de uma influência de Carlos Borromeu na Espanha, na Suíça, na Alemanha e na França, além de na Itália. O próprio Papa tomará parte das visitas sagradas das igrejas e dos conventos da cidade eterna, traduzindo o espírito da reforma (vejam-se os anos de 1592-1594).

3. A temática do episcopado no pensamento de Roberto Bellarmino

Chegamos à terceira parte, dedicada ao exame do mais importante escrito sobre os requisitos do bispo nesse período de transição, que é o período barroco. Roberto Bellarmino fala como teológo moralista e tem como referência a doutrina dos padres, dos doutores e do Concílio de Trento.

O autor declara que, com esse escrito, não destinado à publicação, pretende oferecer um breve *commonitorium* para proporcionar um pouco de ajuda "*in officio valde periculoso*".

Considerada a brevidade da obra, julga-se oportuno assinalar alguns autores que escreveram sobre esse mesmo argumento,[1] de maneira

---

[1] Eis os autores indicados: 1) Santo Ambrósio, que escreveu um livro intitulado *De digitate sacerdotali*; 2) São João Crisóstomo, que escreveu 6 livros sobre o sacerdócio; 3) Santo Agostinho, que escreveu o livro *De pastoribus* e um outro, *De ovibus*; 4) São Gregório Magno, que escreveu *De cura pastorali*, dividido em quatro partes; 5) São Bernardo, que escreveu uma carta, bastante ampla, a guisa de livro, *De officio episcopi*, a Henrique, arcebispo Senonsense. O mesmo autor muito escreveu, de maneira egrégia, sobre o mesmo argumento nos livros intitulados *De consideratione*, endereçados ao Papa Eugênio; 6) Santo Tomás, que na Suma Teológica escreveu uma questão inteira a respeito do estado dos bispos: II-II, q. 185; 7) São Bernardo, que escreveu um discurso ao Sínodo *De rectoribus et praelatis*; 8) o Beato Lourenço Giustiniani, que escreveu o livro *De institutione et regimine praelatorum*; 9) Domingos de Souto, que escreveu *De statu episcoporum* (o inteiro livro X *De justitia et jure*); 10) Claudio Jaio, um dos primeiros dez companheiros de Santo Inácio de Loyola, que escreveu *Speculum praesulum*, inspirando-se no ensinamento da Escritura, dos cânones e dos doutores (Ingolstad 1615); acrescente-se ainda o comentário *De officio praesulum;* 11) Dom Bartolomeu Bacarense, arcebispo, que escreveu *Stimulum pastorum*; 12) Luis de Granada, que escreveu um discurso bastante amplo e longo, *De officio pastorali*. As últimas duas obras apareceram em Roma, no ano de 1772, aos

que o leitor possa buscar neles tudo aquilo que falta no opúsculo que examinaremos.

Nosso Salvador, anota Roberto Bellarmino, disse que muitos são chamados e poucos os escolhidos, e também que muitos entram pelo caminho largo que leva à perdição, enquanto poucos são aqueles que encontram a via estreita, que conduz à vida. O mesmo acontece também com os bispos. Com efeito, São João Crisóstomo diz, na terceira homilia sobre os Atos dos Apóstolos, que poucos pertencentes à ordem dos bispos são aqueles que se salvam.[2] E continua o Bellarmino: "não creio que entre

---

cuidados de São Carlos Borromeu; 13) Padre Bembo, polonês, que compôs um livro na linha de São Gregorio Magno, *Pastor vigilans,* no ano de 1618.

[2] "Se tivesses sabido que o bispo deve carregar o peso de todos – aos outros, quando se irritam, concede-se o perdão, ao bispo, ao invés, nunca; as outros que pecam logo vêm as desculpas, para o bispo, ao contrário, nunca –, não teríeis te apressado para obter o primado, não te terias preocupado em alcançá-lo com pressa. Este, o bispo, é exposto às línguas de todos, objeto dos julgamentos de todos, dos sábios e dos tolos; é atormendado por preocupações que nunca acabam, de dia e de noite; invejado por muitos, e muitos o olham com maus olhos" (São João Crisóstomo).

os sacerdotes sejam muitos os que conseguem a salvação".[3] Escreve ainda Santo Agostinho: "Não existe nesta vida e, especialmente neste tempo, algo mais difícil, mais pesado, mais perigoso do que a missão do bispo, do presbítero ou do diácono".[4]

O Cardeal Bellarmino convida aos que querem garantir sua salvação, e, ao mesmo tempo, exercer o ofício episcopal, a indagar e a buscar a verdade em torno de nove questões, sem considerar aquilo que dizem ou fazem muitos neste tempo; e, se não alcançar uma certeza, é preciso então seguir absolutamente a parte mais segura e por nenhum motivo, ou por ordem de outrem, ou por vantagens a obter, desviar rumo à parte menos segura. Trata-se com efeito de algo capital, porque diz respeito à salvação eterna, e é muito fácil assumir uma consciência errônea seguindo o exemplo de outros, e assim, sem remorso de consciência, acabar descendo àquele lugar onde o verme não morre e o fogo não se extingue.

---

[3] *Non arbitror inter sacerdotes multos esse qui salvi fiant.*
[4] *Nihil esse in hac vita et maxime hoc tempore, difficilius, laboriosius, periculosius, episcopi, praebyteri aut diaconi officio.*

Aqui, nosso autor enuncia nove temas, como pontos de reflexão em torno da dignidade episcopal, em forma de "*controversiae*", que chamarei de "questões":

– 1ª questão: se é lícito buscar obter ou, pelo menos, desejar o episcopado;

– 2ª questão: se o bispo é obrigado a residir em sua igreja e não se afastar, senão por um tempo determinado, pelos motivos indicados no Concílio de Trento (Sessão 23, c. I);

– 3ª questão: *de officio episcopi*, ou seja, se o bispo é obrigado a pregar pessoalmente;

– 4ª questão: sobre a perfeição da vida cristã, se o bispo é obrigado a ser perfeito;

– 5ª questão: sobre a ordenação dos clérigos, se é lícito ou oportuno ordenar muitos;

– 6ª questão: sobre a multiplicidade dos benefícios;

– 7ª questão: sobre o modo de agir com os príncipes do século, na defesa da liberdade eclesiástica;

– 8ª questão: sobre o modo de agir com consanguíneos e afins;

– 9ª questão: sobre as rendas eclesiásticas e em quais usos elas devem ser aplicadas.

1ª questão: se é lícito buscar obter ou, pelo menos, desejar o episcopado

São Roberto Bellarmino anota que tal questão não era pertinente para seu sobrinho, já que quando ele se preparava para escrever sobre esse argumento, o sobrinho já era bispo.[5] Mas o argumento demonstra-se oportuno, porque "neste tempo não faltam não somente aqueles que se esforçam para obtê-lo, mas até explicitamente o solicitam". A esses pode-se repetir a máxima evangélica: "Não sabeis o que pedis".[6] No entanto, São Paulo na primeira carta a Timóteo afirma: "Quem aspira ao episcopado deseja uma nobre função" (1Tm 3,1).[7] Parece, acrescenta São Roberto, que o Apóstolo tenha posto o episcopado entre as realidades desejáveis com louvor. E São Gregório Magno, na primeira parte da *Regula Pastoralis*, escreve que, no tempo dos Apóstolos, era louvável aspirar ao episcopado, porque "era o mesmo que dese-

---

[5] Particular interessante para fixar a data da primeira redação da *Admonitio*.
[6] *Nescitis quod petatis*.
[7] *Qui episcopatum desiderat, bonum opus desiderat*.

jar o martírio".[8] Com efeito, naquele tempo os primeiros procurados para serem condenados à morte eram os bispos. O próprio Gregório faz notar que o *bonum opus* do episcopado está a significar o desejo de uma realidade perfeitíssima e altíssima, e o Apóstolo explica dizendo que "é preciso que o bispo seja irrepreensível".[9] De onde conclui que o episcopado não é tanto objeto de desejo quanto de admiração, já que exige uma pureza angélica e uma perfeição.

Em termos não diferentes exprimem-se respectivamente o príncipe dos Padres, Santo Agostinho,[10] e o príncipe dos escolásticos, Santo Tomás de Aquino.[11]

Por isso, a doutrina do Concílio de Trento, sessão 6, c. 1, afirma que o ofício do bispo deve ser considerado com grande temor, pois mesmo os ombros celestes deveriam assumi-lo com estupor: *formidandum angelicis humeris*; por essa razão, é coisa de louco ter a ousadia de desejar o ofício episcopal. São Bernardo, nos

---

[8] *Idem erat atque appettere martyrium.*
[9] *Oportet enim episcopum irreprehensibilem esse.*
[10] *De Civitate Dei,* lib. 19 c. 19 – "indecenter appetitur".
[11] *Summa Theologica,* II-II, 185, 1.

livros da obra *De consideratione*, lib. 4 e 5, assim admoesta o Papa Eugênio: "Não aceitarás para o episcopado aqueles que o desejam ou o ambicionam, mas os que titubeam e não o querem; mesmo com a força deves urgir e obrigar estes últimos".[12]

2ª questão: se o bispo é obrigado a residir em sua igreja

O argumento da residência do bispo em sua igreja local é de particular relevo no debate e nas conclusões do Concílio de Trento. São Roberto Bellarmino alega o testemunho de Santo Tomás de Aquino, de Caetano e de Domingos Soto. O Doutor Angélico, no art. 5 da questão 185 da II-II, enuncia o princípio de que, em toda obrigação, deve ser considerada a finalidade da mesma. No caso específico, os bispos são obrigados a realizar aquilo que exige o ofício pastoral para a salvação dos súditos. E, por conseguinte, onde a salvação dos súditos exige a presença da pessoa do pastor, o pastor não deve abandonar

---

[12] *Non volentes neque currentes assumito, sed cunctantes, sed renuentes; etiam coge illos et compelle intrare.*

seu rebanho nem em busca de uma vantagem pessoal, nem por um iminente perigo pessoal, já que ele é obrigado a dar a vida por suas ovelhas.

"Por isso – comenta Caetano – afirma-se que o bispo é obrigado por preceito de direito divino a residir pessoalmente em sua casa episcopal." Com efeito, "o bispo é obrigado à cura das almas mediante estes atos pessoais: a administração dos sacramentos, as consagrações, a visita, a custódia e a diligência".

E Domingos Soto, apoiando-se na doutrina de Agostinho (veja-se *Ad Honoratum*) e de Santo Tomás, II q. 26, art. 5 ad 3um, a propósito da perseguição incumbente, afirma que "o bispo não pode fugir, mas a exemplo de Cristo deve dar a vida por suas ovelhas".[13] E da obrigatoriedade do bispo de prover a salvação das almas, deduz a obrigatoriedade da residência do bispo, *a residência é de direito divino.*[14]

Por todas essas razões, o Cardeal Bellarmino deduz que o bispo não pode abandonar o rebanho, a não ser temporariamente e por

---

[13] *Episcopus non potest fugere, sed exemplo Christi debet animam pro ovibus suis ponere.*
[14] *Residentiam esse de jure divino.*

causas urgentíssimas, porque deve apascentar pessoalmente e guardar o rebanho e vigiar sobre ele, prestando contas a Deus por cada um de seus súditos que se perder. Convida ainda o santo cardeal a ler com muita atenção, a pensar e repensar cada uma das palavras, das motivações apresentadas, das penas previstas, para chegar à convicção, a menos que o coração não esteja ofuscado, da necessidade da residência, conforme a doutrina do Concílio tridentino (sessão 6, c.1, *de reformatione*). Bellarmino realça ainda o que o Concílio de Trento afirma na sessão 23, cap. 1 *de reformatione*: "por ordem divina, aqueles que têm a cura de almas devem conhecer suas ovelhas, oferecer por elas o divino sacrifício, apascentar com a pregação da palavra de Deus, com a administração dos sacramentos e com o exemplo das boas obras". Todas essas ações pastorais deixam de ser realizadas porque eles não vigiam, não assistem, mas, como os mercenários, abandonam as ovelhas. O sacrosanto Concílio admoesta os pastores e os exorta para que, lembrados dos divinos preceitos e tornados exemplos do rebanho, apascentem e governem as almas com discernimento e na verdade.

3ª questão: se o bispo é obrigado a pregar pessoalmente

Há e é difuso comumente o costume de que o bispo pregue por meio de outrem. Mas a verdade e a sentença mais segura exigem que o bispo seja obrigado a atender pessoalmente ao dever da pregação. São apresentadas provas:

a) na consagração episcopal diz-se: "Recebe o Evangelho, vai, prega ao povo a ti confiado";[15]

b) assim o Concílio de Trento (sess. V, cap. 24): "Os bispos são obrigados pessoalmente a pregar o santo Evangelho de Jesus, a menos que estejam legitimamente impedidos";[16]

c) exige-o o próprio nome de pastor. Disse o Senhor a Pedro e, nele, a todos os bispos: "apascenta minhas ovelhas". Ele não disse: "cuida para que haja quem apascente as ovelhas".[17] Assim também Jo 10,4: "as ovelhas o seguem porque conhece sua voz".[18] Veja-se ainda At 20 e Ez 33;

---

[15] *Accipe Evangelium, vade, praedica populo tibi commisso.*
[16] *Episcopos (...) teneri per se ipsos, si legitime impediti non fuerint, ad praedicandum sanctum Jesu Christi evangelium.*
[17] *Pasce oves meas. (...) cura ut sint qui pascant oves.*
[18] *Oves pastorem sequuntur et vocem eius audiunt.*

d) assim ainda Is 61,1: "O espírito do Senhor Javé está sobre mim, porque Javé me ungiu, mandou-me levar a boa-nova aos pobres".[19] E ainda Jo 20,21: "Como o Pai me enviou, também eu vos envio".[20] Mc 16,15: "Ide pelo mundo inteiro e proclamai o Evangelho a toda criatura";[21] assim também 1Cor 9,16: "Ai de mim se eu não evangelizar";[22] e, finalmente, 2Tm 4,2: "anuncia a Palavra, insiste a tempo e fora de tempo, combate o erro, repreende, exorta com paciência incansável e com preocupação de instruir".[23] Afirma Bellarmino: "Hoje, ao contrário, há muitos bispos que confiam a outros a pregação e assumem como próprios os assuntos temporais, em oposição ao que atesta o livro dos Atos: 'Quanto a nós, vamos dedicar-nos plenamente à oração e ao ser-

---

[19] *Spiritus Domini super me, propter quod unxit me, evangelizzare pauperibus misit me.*

[20] *Sicut misit me Pater et ego mitto vos.*

[21] *Euntes in mundum universum praedicate evangelium omni creaturae.*

[22] *Vae enim mihi se non evangelizavero.*

[23] *Praedica verbum, insta opportune, importune: argue, obsecra, increpa in omni patientia et doctrina.*

viço da Palavra' (At 6,4).[24] Mesmo se hoje existem muitos religiosos como pregadores, nem por isso os bispos devem desistir do ministério da Palavra, para o qual eles são ordenados. Nosso Senhor Jesus Cristo enviou os apóstolos e os setenta e dois discípulos a pregar, mas ele mesmo nunca deixou o ofício da pregação".

Concluindo, na igreja é erigido para o bispo um lugar elevado, a cátedra, para que dela admoeste, ensine, argumente e repreenda o povo. Se ele não o fizer, prestará contas a Deus. Daí se explica porque muitos estejam perdidos; porém, se tivessem ouvido a voz do pastor, ter-se-iam salvos.

4ª questão: sobre a perfeição da vida cristã, se o bispo é obrigado a ser perfeito

Com todos os escritores, Santo Tomás é muito explícito e claro de maneira toda especial, fazendo uma comparação entre a perfeição dos religiosos e a dos bispos.

Ele afirma que se exige dos bispos uma perfeição maior do que dos próprios religiosos. Assim, na II-II q. 184, a.7: "o estado de perfeição é

---

[24] *Nos vero orationi et ministerio verbi instantes erimus.*

mais excelente nos bispos que nos religiosos".[25] A confirmação encontra-se nas palavras de Paulo a Tito: "Em tudo mostra-te como exemplo de boa conduta"[26] e Mt 5,13.14: "Vós sois o sal da terra (...). Vós sois a luz do mundo".[27]

Essa é a verdade, mas nem todos a compreendem. Os religiosos, mediante os três votos, aspiram à perfeição (*in statu perfectionis adquirendae*), o bispo encontra-se no estado de perfeição possuída (*in statu perfectionis adeptae*) e, por isso, deve resplandecer por ardentíssima caridade por Deus e pelo próximo.

Em particular, deve refulgir o comportamento do bispo acerca das riquezas, que não são suas, e por isso deve dispensá-las aos outros; sobre a castidade, de maneira que não se lhe atribua qualquer suspeita de incontinência; deve ser perfeito acerca da humildade e da obediência, "Também nós devemos dar a vida pelos irmãos" (Jo 3,16).[28]

---

[25] *Status perfectionis potior est in episcopis quam in religiosis.*
[26] *In omnibus te ipsum praebe exemplum bonorum operum* (Tt 2,7).
[27] *Vos estis sal terrae (...) vos estis luz mundi (Mt 5,13-14).*
[28] *... et nos debemus pro fratribus animas ponere.*

A autoridade de São Gregório Magno em discernir as exigências da cura pastoral ajudar-nos-á a considerar o grau de perfeição que se pede ao pastor e em que deve consistir tal perfeição. Tanto mais sapiente e mais santo deve ser o bispo, quando é comparado aos homens sujeitos aos seus cuidados, quanto mais sapiente e mais santo é o homem, com relação aos animais (*pecudibus*).

Se aqueles que aspiram ao episcopado considerassem tudo isso, talvez não somente não buscariam esse estado tão perigoso, como também só obrigados e por força ascenderiam ao episcopado.

O bispo deve possuir conjuntamente a perfeição da vida ativa e a da contemplativa, mas infelizmente pode-se constatar que a perfeição da vida ativa, que reside na caridade perfeita pelo próximo, é de poucos, e a perfeição da vida contemplativa, que reside na caridade perfeita para com Deus, é de um número mais exíguo ainda.

Por isso, conclui Roberto Bellarmino, o ofício do bispo lhe traz uma vida muito laboriosa, mas, em troca, terá uma grande recompensa.

5ª questão: sobre a ordenação dos clérigos, se é lícito ou oportuno ordenar muitos

Nesse ponto muitos erram, pois creem que o clero deva ser multiplicado e, por isso, sem grande discernimento, impõem as mãos.

Deve-se desejar que muitos sejam encontrados dignos da clericatura, mas promover os indignos significa arruinar a Igreja. Por isso o Apóstolo Paulo afirma: "não tenhas pressa de impor as mãos a quem quer que seja" (1Tm 5,22).

Com efeito, muitos desejam ser ordenados em proveito próprio, não para vantagem da Igreja, e fazem da celebração da missa um artifício para ganhar o pão. Dessa forma o sacerdócio torna-se motivo de desprezo, e a Igreja encontra-se sob o olhar de todos pelos escândalos.

Os bispos deveriam imitar os santos pontífices romanos que, nos primórdios da Igreja, eram muito parcos em ordenar os presbíteros. Em cerca de duzentos anos, em Roma, os pontífices, que foram quinze, nunca superaram nas ordenações o número de dezoito presbíteros.[29]

---

[29] CORNELIO PAPA, *Historia Eccl.*, lib. 6 c. 35; IRINEU DE LIÃO, *Adversus haereses*, lib. III.

Essa sobriedade de tantos bispos deveria alertar seriamente todos os bispos a escolherem somente homens doutos e probos, se realmente desejam o decoro da casa do Senhor.

6ª questão: sobre a multiplicidade dos benefícios

Nessa questão, o autor apresenta no exemplo de Santo Tomás de Aquino um argumento que manifesta a dignidade e o decoro da Igreja: nela são distribuídos diversos ofícios pela variedade das pessoas "como, com efeito, a variedade dos membros, que aparece nos diversos ofícios, tutela a força do corpo e representa sua beleza, assim a variedade das pessoas, distribuída pelos diversos ofícios, manifesta a força e a beleza da Santa Igreja de Deus".[30] Mas, ao mesmo tempo, chama com severidade à atenção, com a autoridade dos sagrados cânones e dos doutores, contra os abusos que podem verificar-se quando a uma única pessoa são atribuídas diversas funções.

---

[30] Cf. *Summa Theologica,* II-II, q. 183, 2, 3, 4.

a) Afirma o Concílio de Trento:[31]

"Ninguém, qualquer que seja sua dignidade ou grau, presuma receber e, ao mesmo tempo, conservar diversas igrejas catedrais ou metropolitanas em título ou comenda ou sob outro nome, contra as disposições dos sagrados cânones".

b) O mesmo Santo Tomás,[32] após ter referido as palavras de São Bernardo: "Quem se encontra não em um único benefício', mas em vários, encontra-se não em um só, mas em diversos suplícios", acrescenta: "Possuir vários prebendas contém em si diversas desordens, porque não é possível que uma única pessoa esteja a serviço de diversas igrejas, nas quais é prebendado (...). A consequência é uma diminuição do culto divino e também uma desigualdade, enquanto um só abunda em diversos benefícios e um outro não pode possuir um sequer".

c) Assim também Domingos de Soto afirma:[33] "o possuir várias prebendas, se a coisa

---

[31] Sess. 7, cap. 2.
[32] *Quodl.* 9, a. 15.
[33] *De justitia et jure,* lib. III.

é observada com rigor, traz consigo não poucas perversões com relação ao direito".

d) E no que diz respeito a eventuais licenças do Papa nessa matéria, não há dúvida em se afirmar: "O Papa, dispensando sem uma legítima causa, falta gravemente, e sua falta não exime de culpa aquele que obtém e conserva a dispensa (...). O Papa não é o senhor, como repetidamente tem se afirmado, mas alguém que dá a dispensa, um administrador, e, por isso, quem busca uma dispensa iníqua, é causa de iniquidade, e quem se serve dela sempre é envolvido na mesma iniquidade". Nem se teme de acrescentar que aquele que é dispensado sem causa justa, ainda que pelo Papa, acerca da pluralidade dos benefícios, embora esteja seguro quanto à Igreja militante, não o é quanto à Igreja triunfante, e, assim, a dispensa não vale com relação a Deus.

Concluindo, Roberto Bellarmino indica nessa matéria um consenso realmente amplo e uma coralidade de vozes, por parte de teólogos de altíssimo nível, tais como Tomás de Aquino e, a quanto consta, o próprio Boaventura.

7ª questão: sobre o modo de agir com os príncipes do século, na defesa da liberdade eclesiástica

Nessa questão podemos perceber a aplicação evangélica do famoso ditado: "sede simples como as pombas e prudentes como as serpentes".[34]

Belarmino enuncia princípios para conjugar a firmeza e a doçura em uma fidelidade, também humana, mas verdadeira, à missão pastoral. Antes de tudo, há um apelo à ponderação madura, que evita qualquer ação impetuosa e emocional, e, a seguir, um apelo a assumir um estilo de vida e uma atitude tal que convençam os príncipes e ministros dos príncipes a pensar que os bispos, ao defender a liberdade da Igreja, não buscam ocasiões para combaterem contra eles, mas são guiados somente pelo temor e pela honra de Deus. Que, de resto, os bispos desejam sua amizade e a estimam muito, buscando-a com demonstrações de simpatia e com benefícios, sabendo, com efeito, que os príncipes deste mundo concedem muitos benefícios aos bispos amigos, que não concederiam àqueles que eles sabem ou consideram ser seus adversários.

---

[34] Mt 10,16.

8ª questão: sobre o modo de agir com os consanguíneos e afins

Roberto Bellarmino parte, antes de tudo, de uma constatação clara, mesmo se expressa em termos prudenciais. Parece, anota ele, ser um vício comum aos eclesiásticos o de cultivar com excessivo amor os afins e consanguíneos.

Daqui a necessidade da observância, e com muito cuidado, da regra estabelecida pelo sagrado Concílio de Trento.[35]

O Concílio de Trento proíbe absolutamente aos bispos que façam prosperar os consanguíneos ou os próprios familiares com as rendas da Igreja; proibem-no os cânones dos Apóstolos. Os bens eclesiásticos pertencem a Deus, mas se os consanguíneos são pobres, eles sejam ajudados enquanto pobres. A essa regra inspirou-se Santo Agostinho como escreve Possídeo, e antes de Santo Agostinho, expressou-se da mesma maneira Santo Ambrósio no *De officiis*:[36] "não te consagraste ao Senhor para tornar ricos os teus, mas para conquistar para eles a vida eterna com o fruto das boas obras".

---

[35] Sessão XXV, c. 1.
[36] Lib. I, cap. 3.

*9ª questão: sobre as rendas eclesiásticas
e em quais usos elas devem ser aplicadas*

Bellarmino acena a uma pesquisa preliminar: "Não enfrento a questão se os prelados são os verdadeiros donos das rendas eclesiásticas e se são obrigados a restituir aquilo que empregaram mal. Pouco importa se o prelado se condene ao inferno porque pecou contra a justiça ou porque pecou contra a caridade, não distribuindo bem aos pobres suas posses". Ele vai logo ao cerne do problema: "Somente busco e indago em que usos ele deva endereçar e gastar suas posses eclesiásticas para que não perca a vida eterna". Feita a constatação da severidade com que os antigos Padres (São Jerônimo[37] e São Próspero[38]) enfrentaram esse tema, em consonância são citados dois doutores: São Bernardo,[39] rígido e severo no comentário às palavras "eis que abandonamos tudo", e Santo Tomás,[40] que com grande percepção convida a distinguir nas rendas eclesiásticas quatro

---

[37] *Ep. Ad Nepotianum.*
[38] *De vita contemplativa,* lib. II c. IX.
[39] *In declaratione super illa verba:* "Ecce nos reliquimus omnia".
[40] *Summa Theologica,* II, q. 185, 7.

partes: a do bispo, a do clero, a da igreja material e a dos pobres. Bellarmino afirma: "É certo que pecam mortalmente aqueles bispos que não se acontentam com uma mesa frugal e uma mobília singela e não empregam o que sobra na reparação da igreja e em vantagem dos pobres".

De tudo o que foi dito, pode-se formar um juízo se é lícito para os bispos acumular tesouros, ou alimentar uma familia numerosa de servos, ou dissipar dinheiro em jogos, festas ou nas caças, ou ainda construir ou adornar palácios e jardins, empregando os tesouros da igreja.

Para além do enunciado, para vencer qualquer titubeio, a vida vivida representa um estímulo superlativo para empreender corajosamente o caminho estreito da observância evangélica da santidade, e isso vale para todos e, de modo particular, para os bispos, constituídos guias e líderes do povo de Deus. Assim percebemos porque Bellarmino quis acrescentar, na conclusão das nove questões, um convite a ler a vida dos santos: "É sumamente útil ter consigo e ler assiduamente biografias de santos bispos, não por último aquela de São Carlos Borromeu, arcebispo de Milão, que viveu em nosso tempo, cumprindo com exemplar consciência todos os deveres de um bom bispo".

4. Santo Afonso na história da teologia

O que impressiona, antes de tudo, na figura de Santo Afonso é sua posição especial na história da teologia: ele é um autêntico precursor da renovação teológica de inspiração romântica. Nessa direção, alguns aspectos de sua reflexão merecem ser realçados de maneira particular: o sentido da unidade e da reintegração de elementos precedentemente separados: a renovação do sentido do passado, do pensamento dos Padres, por meio da própria Idade Média da escolástica, o sentido da contemplação das verdades da fé e da especulação sobre elas, apresentada de maneira sóbria para permitir à alma empenhar-se logo na oração, no sulco da verdade contemplada e, enfim, de modo particular, o sentido da história e da estrita unidade entre criação e redenção, com a vontade decidida de superar qualquer separação entre teologia, de um lado, e o mundo da cultura, de outro lado. Finalmente, o sentido do vivido, que prevalece sobre a rígida consideração do pensado e produz uma teologia profundamente ligada à vida, ou melhor, expressão das experiências e das exigências da vida.

Foi dito, com verdade, que a teologia de Santo Afonso é a teologia da salvação, pensada e expressa em categorias acessíveis ao povo, sem perder por isso seu caráter de reflexão conceitual sobre o dado revelado, considerado por meio dos Padres e dos doutores.[1] *Em termos mais simples, a espiritualidade afonsiana pode ser chamada uma espiritualidade do povo,* que pode ser assim resumida: todos são chamados à santidade, cada um em seu próprio estado. A santidade e a perfeição consistem essencialmente no amor de Deus, que encontra seu cume e sua perfeição na uniformidade com a vontade de Deus, não de um Deus abstrato, mas de um Deus, pai dos seres humanos, o Deus da "salvação" que se manifesta em Jesus Cristo.

---

[1] Cf. C. SCANZILLO, *A visão teológica de Santo Afonso. Premissas românticas no século das luzes,* em *Asprenas* 35 (1988), 7-23.

A dimensão cristológica é uma nota essencial da espiritualidade afonsiana, sendo a encarnação, a Paixão e a Eucaristia os sinais máximos do amor divino. Com muita felicidade, a segunda leitura da liturgia das horas dedicada a Santo Afonso é extraída do primeiro capítulo de sua obra: "Prática de amar Jesus Cristo". Em Santo Afonso, não há somente uma síntese harmoniosa entre a vida e seu pensamento, mas é exemplar sua capacidade de se comunicar com o povo, de fazer-se compreender pelo povo. Já que a ação do pastor é destinada ao bem dos fiéis, a resposta dos fiéis é parte integrante da ação pastoral.

Uma verificação contínua nesse campo preserva de situações desagradáveis de separação entre pastores e fiéis, divididos por um muro de incomunicabilidade. Em Santo Afonso há um recíproco entendimento com o povo. Ele foi muito amigo do povo, do povo simples, do povo dos bairros pobres da capital do reino de Nápoles, do povo dos humildes, dos artesãos e, sobretudo, da população rural. Esse sentido de povo caracteriza toda a vida do santo. Para o povo ele repensará a pregação, a catequese, o ensino da moral e a própria vida espiritual.

Renovou a pregação nos métodos e nos conteúdos, unindo-a a uma arte oratória simples e imediata. Falava dessa forma, para que todos pudessem compreender. Como bispo, mantinha sua casa aberta a todos, mas os clientes mais desejados eram os humildes e simples. Para o povo promoveu também iniciativas sociais e econômicas. Como escritor, procurava sempre e somente a utilidade do povo. Suas obras, não excluídas a teologia moral, são solicitadas pelo povo.

Afonso é teólogo em vista de problemas práticos, escrevia o Cardeal Albino Luciani, que se tornou depois João Paulo I, *a serem resolvidos logo a partir de experiências vividas.* Vê que nos corações deve ser reavivada a caridade? Escreve obras de ascética. Quer fortalecer a fé e a esperança do povo? Escreve obras de teologia dogmática e moral. Brevidade, clareza, simplicidade, otimismo, afabilidade beirando a ternura: eis os dons que o acreditam em ordem à popularidade. E em tudo uma ânsia de salvação para si e para os outros. Domina soberana sobre tudo a preocupação de *sentire cum Ecclesia.* O sentido da Igreja acompanha Afonso em sua busca teológica e na praxe pastoral. Escreve a todos e para todos, em particular dirige-se aos pastores do povo de Deus, aos bispos, aos sacerdotes, aos religiosos e religiosas, para que realizem o dom de si em favor do povo que, de diversas maneiras, lhes é confiado.[2]

A guisa de premissa, queremos esclarecer que não se trata, aqui, de atribuir a Santo Afonso opções ou problemas que são típicos de nosso tempo, mas de olhar para além das formas contingentes a essência dos próprios problemas; ou seja, em nosso caso, olhar para nosso povo e para nossos sacerdotes com os olhos de Santo Afonso. Em particular, naquilo que diz respeito ao povo, não vê-lo como um destinatário de salvação, mas como um protagonista, capaz de agir pela salvação, sua e dos outros: eis o que nos disse o Concílio Vaticano II a propósito da Igreja, onde ministerialidade significa "serviços recíprocos segundo os dons diversos concedidos pelo Espírito". Esta é a inesquecível descrição da *Gaudium et spes* (n. 32): "Primogênito

---

[2] João Paulo II, *Spiritus Domini*, no bicentenário da morte de Santo Afonso, em EV 10, 1410 (*2069-2098*).

entre muitos irmãos estabeleceu, depois de sua morte e ressurreição, com o dom de seu Espírito, uma nova comunhão fraterna entre todos os que o recebem com fé e caridade, a saber: na Igreja, que é seu corpo, no qual todos, membros uns dos outros, se prestam mutuamente serviço, segundo os diversos dons a cada um concedidos".

1. A formação teológica da igreja particular

O que entendemos por formação teológica da igreja particular?[3] Esta exigência, que hoje é particularmente percebida, apoia-se sobre alguns pressupostos, que apresentamos brevemente:

a) "O primeiro bem de cada igreja local é a Palavra de Deus. Do seu anúncio nasce, dela vive. Em obediência à Palavra, a Igreja deve perenemente permanecer, para colhê-la em sua contínua novidade, com escuta adorante e humilde seguimento (...). Nascida da

---

[3] Cf. CEI, *A formação teológica na Igreja particular* (15 de maio de 1985): ECei 3, 2387-2434.

Palavra, a Igreja sabe que a recebeu como encargo, para guardá-la e promovê-la. Sujeito desse encargo são as igrejas particulares, nas quais e das quais é constituída a Igreja universal (cf. LG 23). (...) O anúncio (da Palavra) por sua vez pressupõe e tem como fim a compreensão sempre mais profunda do mistério que na Palavra é contido e comunicado. (...) É o Espírito que guia a Igreja nesse caminho de compreensão sempre mais profunda da Palavra. Ele foi prometido e comunicado por Cristo para conduzir a Igreja na penetração progressiva da verdade, até a sua plenitude (cf. Jo 16,13)".[4] A esse respeito, anota Santo Afonso que a Palavra de Deus indica a estrada da perfeição: "Acima de tudo, buscai o amor, que faz a perfeita união" (Cl 3,14).[5] A caridade é que une e conserva todas as virtudes que tornam o homem perfeito. Por isso dizia Santo Agostinho: "*ama et fac quod vis*, ama a Deus e faz aquilo que queres, porque uma alma que ama a Deus, o próprio amor ensina a nunca

---

[4] *Ivi*, 2391-2392.

[5] *Super omnia (...) caritatem habete, quod est vinculum perfectionis.*

fazer algo que lhe desagrade e a fazer tudo aquilo que lhe é agradável".[6]

Para que em cada igreja se realize a compreensão autêntica e profunda da Palavra, há o magistério episcopal, coadjuvado pelo ministério presbiteral, por meio do qual o bispo, na comunhão com os demais sucessores dos apóstolos e sob o laço fundante com o sucessor de Pedro, garante o senso da fé do povo cristão e o guia na verdade. *Existe, pois, em cada crente a exigência de uma reflexão sobre a Palavra acolhida, para que ela penetre em sua existência.*

Pode-se dizer da Palavra o que a Igreja afirmou da tradição: "Com efeito, cresce o conhecimento tanto das coisas como das palavras que constituem parte da tradição, quer mercê da contemplação e estudo dos crentes, que as meditam em seu coração (cf. Lc 2,19.51), quer mercê da íntima inteligência que experimen-

---

[6] S. Afonso, *Prática de amar Jesus Cristo*, cap. 1. Da leitura das obras espirituais de Santo Afonso pode-se perceber uma atenção constante e fundamental sobre o uso da Palavra de Deus, que aparece como inspiração certa, pelo que resulta implícito o convite a ler a Palavra de Deus como meio de santificação.

tam das coisas espirituais, quer mercê da pregação daqueles que, com a sucessão do episcopado, receberam um seguro carisma de verdade" (DV 8).

b) *a cooperação do homem em sua salvação*. Santo Afonso estabelece, antes de tudo, como premissa que "Deus quer todos salvos e, quanto a si, dá a todos as graças necessárias para alcançar a salvação". Daqui deriva a tese central de nosso Autor: "digamos que a todos é dada a graça de poder atualmente rezar (sem necessidade de outra graça) e, rezando, obter depois todos os outros auxílios para observar os preceitos e se salvar".

O princípio teológico fundamental, querido por Deus mesmo, consiste na cooperação do homem para sua salvação. Por esse motivo, Santo Afonso realça o papel da humanidade de Jesus Cristo, de Maria e da Igreja, realidades estritamente conjuntas:

"Cada um tem a potência próxima para rezar e, assim, impetrar com a oração a próxima potência para fazer o bem; e por isso todos podem rezar somente com a graça ordinária, sem outro auxílio. Caso contrário, se para ter a potência próxima ao ato de rezar fosse necessária uma outra potência, para isso haveria necessidade de outra graça de potência, e, assim, o processo seria infinito e o homem não teria condições de cooperar para sua salvação".

"Assim se entende o axioma universalmente recebido na escola: *àqueles que fazem o que podem, Deus não nega sua graça,*[7] ou seja, ao homem que reza, fazendo ele bom uso da graça suficiente, com que já pode fazer as coisas fáceis, como é o rezar, Deus não nega depois a graça eficaz para executar as coisas difíceis."[8]

Essa sentença é convalidada por algumas provas da Sagrada Escritura, pelo ensinamento do Concílio de Trento e pelos Padres. Santo Afonso apresenta, antes de tudo, a autoridade do apóstolo Paulo, "que garante que Deus é fiel e nunca permitirá que sejamos tentados além de nossas forças, enquanto ele dá sempre o auxílio (ou imediato, ou mediato por meio da oração) para resistir aos insultos do inimigo" (cf. 1Cor 10,13). Desse texto Jansênio dá uma interpretação redutiva, considerando apenas os

---

[7] *Facienti quod est in se Deus non denegat gratiam.*
[8] SANTO AFONSO, *O grande meio da oração,* ed. Crítica, Roma, 1862, p. 146.

predestinados como destinatários da doutrina paulina. Santo Afonso, ao contrário, defende que aqui se trata de todos os fiéis em Cristo, que Paulo certamente não podia considerar todos predestinados. Ele segue, portanto, a feliz interpretação tomista, segundo a qual "Deus não seria fiel, se não nos concedesse (enquanto diz respeito a ele) aquelas graças por meio das quais podemos obter a salvação".

c) *A grande dignidade do bispo e a consequente responsabilidade pela condução da igreja local.* Nas reflexões úteis aos bispos, o santo doutor afirma: "que é necessário persuadir cada bispo que, ao receber a mitra, carrega-se um grande peso na consciência. Por isso, se quer se salvar, é preciso que se resolva, ao assumir o governo, de abraçar uma vida não fácil, nem de repouso, mas uma vida de cruzes, de canseiras e de fadigas, vida que São João Crisóstomo chama *Pelagum laborum et aerumnarum abyssum*".

"É demasiado terrível o que diz São João Crisóstomo, que eu não considero seja falso: 'Não creio – diz o santo – que são muitos os bispos que se salvam; muitos mais são os que se perdem'. Tudo isso, porém, não deve levar os bons bispos ao desânimo ou à desconfiança, mas a despertar neles uma grande vigilância no cumprimento de seus deveres, a animá-los de zelo e, ao mesmo tempo, de santas esperanças, sabendo que se será grande o castigo dos bispos negligentes, será também maior o prêmio que nosso gratíssimo e liberalíssimo Deus dará aos bispos zelosos."

E acrescenta ainda o santo bispo: "Quem teme sua fraqueza, decida-se a fazer o que puder por Deus, recorra depois a Deus com confiança e tudo poderá, dizendo com São Paulo: 'Tudo posso naquele que me dá força'" (Fl 4,13).[9]

d) *Necessidade da pregação para dar ao povo o alimento necessário* e a importância capital da vida sacramental, especialmente da Eucaristia e do culto eucarístico, do qual as visitas constituem a expressão mais típica. É conhecida, no santo, a paixão – pode-se dizer – pelas missões ao povo. Essa paixão brota do dever de residência do bispo em sua igreja: "é para estar percorrendo os lugares de sua diocese pessoalmente, com as visitas pastorais. Ó, quantas desordens o prelado pode por remédio, percorrendo e vendo

---

[9] *Omnia possum in eo qui me confortat.*

as coisas com seus próprios olhos! Quem não vê não pode prover". Afirma o santo nas *Reflexões úteis aos bispos:* "Quem não tem prática de missões e do exercício da confissão que se faz nas missões, nunca poderá entender quão enorme é seu proveito. Nelas, com o distribuir, como não se faz de nenhum outro modo, a divina palavra com aquela ordem das máximas eternas às pessoas que a elas acorrem, torna-se quase impossível não se converter a Deus". E aqui o santo sente a necessidade de expressar seu desgosto pela aquiescência ao pecado de não poucas almas: "Mas, ó Deus, o que dizem alguns? Que com as missões se inquietam as consciências. Portanto será melhor, para não inquietar as consciências, deixar os pobres pecadores em seu estado deplorável com aquela paz maldita que é o sigilo de sua condenação? Inquietam-se as consciências? Mas tal deve ser o cuidado do pastor, de inquietar as ovelhas que dormem no pecado, para que despertem, conheçam o perigo em que vivem e assim retornem a Deus. E para fazer isso não existe meio melhor do que as missões".

É dever do prelado providenciar as missões "especialmente naqueles lugares onde se sabe que o pároco é descuidado... não deseja a missão".

e) *As capelas noturnas*. A obra por excelência à qual está ligado o nome de Afonso como fundador é a das capelas noturnas: o santo deu início a elas, como se sabe, com as assembleias populares nas praças e, em seguida, por diversos motivos, as reuniões foram estabelecidas nas capelas das várias corporações de artes e ofícios (tratava-se de cerca de mais de cem sócios). Ajudavam Afonso, com verdadeiros cargos de animação e de presidência, vários leigos assistidos pelos assim chamados prefeitos espirituais, sacerdotes. O estatuto dessas capelas foi aprovado pelo cardeal Pignatelli, que pôs a obra das capelas sob sua proteção, enquanto "Afonso girava, passando com frequência de uma a outra reunião, animando os seus na grande Obra e levando os demais ao Crucifixo".[10] Essas almas recolhidas nas capelas eram formadas não somente na vida interior, mas exerciam também obras apostólicas: socorro aos pobres, sobretudo os envergonhados, visita em turnos aos enfermos nos hospitais, instrução catequética aos ignorantes, canto popular, assistência aos

---

[10] A. TANNOIA, *A vida e o instituto do venerável servo de Deus Afonso M. de Ligório,* tomo 1º, ed. Nápoles, 1798, p. 470.

moribundos, sufrágio dos defuntos, também uma assistência fraterna mútua, apostolado cultural, escolástico, familiar. O sexo feminino não era excluído do apostolado afonsiano, embora fosse cuidado à parte, e tudo era realizado com o espírito de uma sadia alegria. Santo Afonso não ignora a força agregadora que vem da alegria – "servi a Javé com alegria" (Sl 100/ 99,2),[11] e, ainda, "Deus ama a quem doa com alegria" (2Cor 9,7).[12]

Às capelas noturnas é necessário acrescentar as congregações e oratórios festivos, as congregações dos nobres, as assim chamadas congregações secretas, que consistiam nas reuniões dos sócios congregados mais fervorosos, dedicados a uma vida espiritual mais perfeita e a um apostolado mais intenso.

2. A formação permanente do clero

Neste assunto da formação permanente, nossa referência a Santo Afonso adquire um particular valor, porque não podemos considerá-lo o pai da formação permanente, mas filho

---

[11] *Servite Domino in laetitia.*
[12] *Hilarem enim datorem diligit Deus.*

dessa formação, enquanto o santo, não tendo recebido sua formação fundamental em um seminário nem em uma faculdade teológica, após a ordenação presbiteral, encontrou um sério esforço de formação para a atividade pastoral no contexto do presbitério napolitano, considerado então um ponto de referência para as igrejas do sul da Itália.

Esse trabalho pastoral era desenvolvido, particularmente, pelas congregações do clero, desde o século XVII: a Congregação das missões apostólicas, fundada por Sansão Carnevale, santo pároco da Catedral; a de Santa Maria da Pureza, fundada por Antônio Torres, dos Pios Operários; a Congregação da Assunção, fundada pelo jesuíta Padre Pavone; e a da Pia Reunião, fundada pelo cônego Luiz Monforte. Essas congregações ajudaram os sacerdotes napolitanos e o próprio Santo Afonso a recuperar sempre mais o ardor apostólico, constituindo uma verdadeira escola de formação permanente, antecipadora de muitas das atuais experiências de formação ligadas à vida presbiteral. Fúlgida figura dessa riquíssima tradição de santidade do presbitério napolitano e do sul da Itália é o beato Vicente Romano, testemunha, como quis realçar o Papa Paulo VI no dia da beatificação do humilde pároco de Torre del Greco, de uma santidade que "não é só dele, estritamente pessoal, mas é representativa de uma espiritualidade e de um costume que podemos afirmar regional". Com efeito, havia um núcleo bastante consistente de excelentes almas consagradas ao redor da figura do Beato Vicente Romano.

A Igreja hoje chamou a atenção de todos, por meio da celebração de um sínodo e de uma especial Exortação apostólica, *Pastores dabo vobis*, sobre a exigência da formação permanente do clero: "Por isso eu te exorto a reavivar o dom de Deus que está em ti" (2Tm 1,6). A formação permanente do clero, *é considerada como um ato de amor para com o povo de Deus; verdadeiramente como um ato de justiça com relação ao Povo de Deus*. Em particular, considera-se a formação permanente na quádrupla dimensão: humana, espiritual, intelectual e pastoral. Podemos dizer que a vida e a atividade pastoral do santo doutor manifestaram uma particular predileção por esse tema. Em suas obras, não foram poucas as indicações que colocam no centro das preocupações episcopais *a dignidade sacerdotal*, com os compromissos de santidade, de doutrina e de zelo pela salvação das almas.

É cheio de significado o paralelismo instituído por Santo Afonso entre *o Redentor e o sacerdote* no sacramento da penitência: "Se viesse o Redentor a uma igreja e se assentasse em um confessionário para administrar o sacramento da penitência, e em outro confessionário estivesse sentado um sacerdote, Jesus diria: 'ego te absolvo', e o sacerdote, da mesma maneira, diria: 'ego te absolvo'. De um e de outro, os penitentes estariam realmente absolvidos. Que honra, para um súdito, ter de seu rei o poder de libertar do cárcere a quem ele quiser? É maior o poder que o Pai eterno deu a Jesus Cristo, e Jesus Cristo aos sacerdotes, de livrar do inferno não somente os corpos, mas também as almas".[13]

Nas *Reflexões úteis aos bispos,* Santo Afonso observa: "Os bons sacerdotes são os braços do bispo, sem os quais não poderá nunca manter bem atendida sua Igreja. É muito importante que ele procure demonstrar toda a benevolência pelos sacerdotes bons, (...) beneficiando-os

---

[13] SANTO AFONSO, *Selva de matérias de pregação,* I, cap. 1º, part. 8, p. 9, Ed. Marietti, vol. III, Turim, 1847.

segundo seus méritos (...). Mas se o bispo deve animar os bons, assim também deve demonstrar a sacerdotes negligentes sua pouca satisfação, a fim de emendá-los".

O santo doutor chega mesmo a indicar um pequeno expediente, sinal de sua premura e da prática de seu governo: "Ajuda muito (...) manter um pequeno caderno de memória, onde com os nomes de todos os sacerdotes e clérigos da diocese, elencados em ordem alfabética, sejam anotadas suas qualidades de bem e de mal (...). Estas memórias poderão servir a mil coisas boas".

No que diz respeito à formação intelectual e pastoral, o santo doutor, nas *Reflexões úteis aos bispos*, faz explícita referência aos costumes da Congregação napolitana do Padre Pavone, "para que os sacerdotes mantenham-se aplicados e possam servir para cultivar as almas; além das reuniões que costumam acontecer semanalmente em muitas dioceses no estilo daquela do Padre Pavone de Nápoles, seria bom que o prelado estabelecesse também as academias de moral em cada lugar com capacidade para tal e prescrever aos sacerdotes, especialmente aos jovens, que as assistam duas ou três vezes por semana (...). Já que, com as conferências, os casos são analisados melhor e se firmam as doutrinas. (...) Não seja admitido ao exame para as confissões sacerdote algum que não apresente o certificado de ter frequentado pelo menos por dois anos as mencionadas conferências".

E a propósito da vida pastoral, do gosto que dá a Deus um sacerdote que busca a salvação das almas, Santo Afonso, citando São Bernardo, afirma: "Sacerdote meu, não obstante tudo, não desconfies e tenhas a certeza do prêmio que te aguarda. Deus não te pede o cuidado dessas almas; somente procura cuidar delas, e ele te premiará, não segundo o efeito que conseguirás, mas conforme a obra que puseste em ato".[14]

3. A educação à oração e à esperança, no grande horizonte da caridade pastoral

Há um maravilhoso entrosamento entre *esperança, oração e caridade*. O santo doutor, autor do áureo livro *O grande meio da oração*, com grande simplicidade e convicção, afirma

---

[14] SANTO AFONSO, *Selva de matérias de pregação*, I, c. IX, par. 24, p. 74; Ed. Marietti, vol. III, Turim, 1847.

na introdução: "Eu não tenho esta possibilidade, mas se pudesse imprimiria deste livreto tantas cópias quanto são os fiéis todos que vivem na terra e da-lás-ia a cada um, para que todos compreendessem a necessidade que temos todos de rezar para nos salvar".[15] O santo prescreve a seus missionários:

"Faça-se sempre o sermão sobre a oração e digo, repito e repetirei sempre enquanto tiver vida que *toda a nossa salvação está na oração*... E que, por isso, todos os escritores em seus livros, todos os sagrados pregadores em suas prédicas e todos os confessores ao administrar o sacramento da penitência não deveriam inculcar outra coisa além desta: rezar sempre. Deveriam admoestar e repetir continuamente: rezai, rezai e não deixai nunca de rezar; porque, se rezardes será segura vossa salvação, mas se deixardes de rezar, será certa vossa condenação".[16]

O santo doutor quer oferecer uma motivação fundamental, que servirá de apoio a todo o edifício da fé. E, em sua preocupação

---

[15] Santo Afonso, *O grande meio da oração,* op. cit., introdução, p. 7.
[16] Santo Afonso, *op. cit.,* p. 171.

pastoral pela salvação, apresenta essa observação, da qual brotará o liame *esperança-salvação*, afirmando: "apego-me a uma razão, que me parece evidente. Essa razão é fundada no preceito da esperança, pelo qual somos todos obrigados a esperar certamente de Deus a vida eterna; e digo que, se fôssemos certos de que Deus dá a todos a graça de poder atualmente rezar, sem necessidade de outra graça particular e não comum a todos, ninguém, sem especial revelação, poderia esperar como se deve a salvação".[17]

Conforme seu estilo, Santo Afonso deseja oferecer ao crente um alimento substancioso, por meio de uma multiplicidade de argumentos para nutrir a mente e fortalecer a vontade, e, assim, confirmar as almas na certeza do amor de Deus. Nesse caso, ele insiste sobre o entrelaçamento entre *esperança* e *oração*, extraindo da Sagrada Escritura elementos de apoio para iluminar sua tese: "Deus encontra sua complacência naqueles que nele confiam".[18] Essa virtude

---

[17] Santo Afonso, *op. cit.*, p. 163.
[18] Cf. Sl 15,1; 32,22; 36,40; 49,15; 90,14; 146,11; Sir 2,11; Mt 24,35.

da esperança, porque tanto agrada ao Senhor, ele no-la quis impor com preceito grave.[19]

"A esperança – escreve ainda Santo Afonso – é acompanhada pelo temor, mas esse temor não nasce por parte de Deus, e sim por parte nossa, porque sempre podemos faltar (não correspondendo como devíamos) e colocar impedimento à graça com nossas culpas. Diz Santo Tomás que devemos certamente esperar de Deus a beatitude eterna (...), crendo que Deus pode e quer salvar-nos: *do poder de Deus e de sua misericórdia é certo aquele que tem fé...*[20] Quer o apóstolo São Tiago que quem deseja as graças divinas precisa pedi-las a Deus, não com hesitação, mas com confiança certa de obtê-las" (cf. Tg 1,60). "Em suma – conclui Santo Afonso – Deus não quer ouvir-nos, se não crermos com certeza de sermos atendidos."[21]

No mistério da salvação, Santo Afonso é orientado a colher o enlaçamento entre a natureza e a graça, entre a fé e a história, por meio

---

[19] Cf. Sl 61,9; 20,2.9; Os 12,6; 1Pd 1,13.
[20] *De potentia Dei, et misericordia Eius certus est quicumque fidem habet...*
[21] Santo Afonso, *O grande meio da oração,* op. cit., p. 165-166.

do dinamismo psicológico do homem concreto em situação de fraqueza, de tendência ao erro e de inclinação ao mal, que recebe, porém, o dom da vida divina para sanar e elevar sua natureza.

A certeza de não poder ser fiel por toda a duração da vida, sem o socorro da graça, deve tornar cada um premuroso e vigilante em adotar o "meio" necessário da oração, não somente para vencer em cada ocasião, mas em vista da perseverança final: "Vejo já – escreve Santo Afonso na oração conclusiva da obra citada – que a causa de minhas quedas foi, quando eu era tentado, o não recorrer a vós, pedindo-vos a santa perseverança".[22]

A pastoral popular de Santo Afonso é, portanto, uma escola de formação integral do homem. Não se trata de privilegiar alguns momentos da vida espiritual do crente, assim como uma tendência emotiva muito difundida entre a população das terras meridionais podia quase impor ao Santo, conhecedor profundo da índole popular. A verdadeira religiosidade inculcada por Santo Afonso investe a totalidade da vida. Daí a espessura da santidade e da

---

[22] *Ivi*, p. 175.

meridionalidade de São Afonso, que pode ser expressa muito bem com as palavras de Paulo VI: "é uma santidade que brota do diálogo com seu ambiente. Nele nasceu, nele foi formado, absorve-o e o plasma em si mesmo, sobre o modelo cristão e sacerdotal; depois, reeduca-o, evangeliza-o, santifica-o".

Dando o necessário relevo ao horizonte teológico que o Santo descortina ao crente – que pode ser sintetizado nos termos: *esperança, oração, amor* –, percebemos certo anúncio, como dizíamos no início, da época romântica em campo teológico. Com efeito, K. Kreusch, não sem razão, fala de três ideias-chave que sulcam todo o itinerário afonsiano.[23] A primeira poder-se-ia chamar a esperança bem regulada: premunindo a alma contra o desespero e a presunção, o Santo oferece ao crente motivos de confiança e de tranquilidade, reavivados pelo desejo e pelo firme propósito de tender à santidade.

A segunda ideia exprime a certeza inabalável da *necessidade e eficácia da oração*: oração e

---

[23] Cf. K. KEUSCH, *A doutrina espiritual de Santo Afonso Maria de Ligório,* Milão, 1931.

graça foram indicadas como os componentes essenciais da piedade afonsiana.

A terceira ideia-guia, enfim, consiste na unificação total, como síntese da visão de fé e de todo o caminho ascético, sob a *lei do amor*. A educação afonsiana, fruto de tantos componentes seja do mundo clássico, seja da formação filosófica e teológica, leva o Santo a realçar o *predomínio da caridade* na hierarquia das virtudes. Na linha dos grandes santos formados na escola de São Paulo (cf. 1Cor 2,2), a espiritualidade de Santo Afonso encontra sua síntese no lema agostiniano *ama et fac quod vis*: a vitude é *ordo amoris*, no ensinamento como na praxe do grande doutor e pastor.

Não podemos concluir sem uma referência à Mãe de Deus. Um lugar todo particular na economia da salvação ocupa a devoção a Nossa Senhora, mediadora de graça, sócia da Redenção e, por isso, Mãe, Advogada e Rainha. Na realidade, Santo Afonso sempre foi todo de Maria, do início ao termo de sua vida.

Nas orações conclusivas do tratado *O grande meio da oração*, Santo Afonso dirige-se a Maria desta maneira: "Ó Maria, minha Mãe, sempre que recorri a vós, nunca deixei de obter o auxílio para não cair. Ora recorro a vós para que me obtenhais uma graça ainda maior, a de me recomendar em todas as minhas necessidades e para sempre ao vosso Filho. A vós, minha Rainha, que tudo obtendes de Deus, obtende-me agora, pelo amor de Jesus Cristo, esta graça que vos peço *de rezar e de não deixar nunca de rezar até à morte. Amém*".[24]

---

[24] Santo Afonso, *O grande meio da oração*, op. cit., p. 175.

Índice

Apresentação 5

Reflexões úteis aos bispos 11
Santo Afonso Maria de Ligório

Capítulo I
Os cuidados mais importantes do bispo 15

Capítulo II
Os meios mais eficazes que o bispo deve
usar no tratamento de seus súditos 41

**Comentário histórico-teológico sobre
a figura do bispo na Igreja** 73
Mons. Ciriaco Scanzillo

Introdução 75

1. As instâncias do pós-concílio sobre
   a figura do bispo 77

2. O tipo ideal de bispo, segundo
   a reforma católica...................................113

3. A temática do episcopado no pensamento
   de Roberto Bellarmino 131

4. Santo Afonso na história da teologia 155